우리 아이와
협상하는 법

우리 아이와 협상하는 법

박미진 지음

아주 좋은 날

"너는 왜 늘 그 모양이니?",
"너는 안 돼"라고 하지 마라!
아이는 부모가 말하는 그대로 자란다!

'너의 목소리가 들려'라는 드라마가 있었다. 교통사고로 우연히 다른 사람의 속마음을 듣는 능력을 갖게 된 소년이 아버지의 죽음과 관련한 진실과 사랑을 찾아가는 이야기였다. 하지만 다른 사람의 속마음을 듣는 능력은 초능력이고 판타지이다. 우리는 상대방의 속마음을 짐작할 수 있지만, 어디까지나 그것은 짐작일 뿐이다. 그럼에도 많은 사람들이 내가 하는 말의 숨은 의미를 상대방이 눈치껏 알아주기를 바란다. 심지어는 왜 그것을 몰라주냐고 원망하기도 한다. 부모 자식 사이에서도 그런 일은 다반사로 일어난다.

부모의 말 : 너는 왜 그 모양이니?
속마음 : 네가 걱정돼서 하는 말인 거 다 알지?

부모의 말 : 너는 왜 이렇게 말썽만 일으키니?

속마음 : 앞으로는 잘했으면 좋겠다는 말인 거 다 알지?

그런데 안타깝게도 아이는 초능력자가 아니다. 그래서 부모가 하는 말을 곧이곧대로 해석하고 받아들인다. 게다가 평소에 소통이 잘 이뤄지지 않는 사이라면 부모의 말 한마디가 아이의 심장에 가서 비수처럼 꽂힐 수 있다.

소통과 교감이 빠지면 대화가 아니다

오래 전 한 신문에서 북극해에서 나체로 돌고래와 유영하는 여성의 사진을 본 적이 있다. 얼음물 속에서 5분 이상 있다가는 저체온증이 일어나 죽을 수도 있지만, 그녀는 물속에서 10분 이상을 버텨냈다. 왜 그런 일을 했느냐는 기자의 질문에 그녀는 이렇게 대답했다.

"인간과 다른 모든 생명체가 교감할 수 있고, 교감하고 있다는 것을 확인하고 싶었다. 그리고 옷을 벗고 들어간 이유는 그들과 동일한 조건으로 만나고 싶었기 때문이다. 그들이 수상쩍게 여길 어떤 인공물도 걸치고 싶지 않았다."

초음파로 대화를 나누는 돌고래와 인간이 대화를 나눌 수는 없는 일이다. 하지만 서로 교감하고 소통할 수는 있다. 소통은 마음을 통해 이루어지기 때문이다. 이것은 곧 말로 주고받는 대화라도 소통과 교감이 빠지면 진정한 대화라고 볼 수 없다는 말도 된다.

당신은 오늘 하루 동안 아이와 어떤 대화를 나누었는가? 아침 상황 하나만 떠올려보자.

"학교 가야지. 빨리 일어나."

"얼른 밥 먹어!"

"빨리빨리 좀 준비 해. 왜 그렇게 굼뜨니?"

"가방은 잘 챙긴 거야? 너 또 숙제해놓은 거 빠트리고 가는 거 아니지?"

"선생님 말씀 잘 듣고 공부 열심히 해."

"학교 끝나고 학원 가는 거 잊지 마. 오늘도 빼먹으면 혼날 줄 알아."

이런 말들이 오가는 것은 진정한 대화라고 할 수 없다. '소통과 교감'이 빠져있기 때문이다. 그런데 우리는 훈육을 위해서, 혹은 바쁘다는 핑계로 자녀와 나누는 대화라는 것들이 늘 이런 말들이다. 일방적인 명령이나 지시, 하나마나한 잔소리, 일상생활을 위해 필요한 기본적인 말들을 주고받을 뿐이다.

우리는 서로의 마음이 오가는 대화, 고민과 상처를 어루만져주는 대화, 웃음과 행복을 나누는 대화를 얼마나 나누고 있을까? 일일히 따져보지 않더라도 그 시간이 결코 길지 않다는 것은 인정할 것이다.

세상에 자녀와 소통하고 싶지 않다는 부모는 한 사람도 없을 것이다. 부모와 소통하고 싶지 않다는 자녀 또한 없기는 마찬가지다. 그런 부모와 자녀들이 어떻게 소통해야 할지를 몰라 관계가 조금씩 엇나가는 경우가 많다. 그러다가 결국 부모는 자기 말만 하고, 자녀는 아예 입을 닫아버리는 '나쁜 관계'가 되고 만다. 이런 나쁜 관계의 시작은 대부분 부모에게 원인이 있다. 때문에 애꿎은 아이를 탓해서는 안 된다. 무엇보다 중요한 것은 부모가 먼저 변하고 올바른 소통 방법을 찾아내야 나쁜 관계를 풀어갈 수 있다는 것이다.

부모는 자녀와 교감하고 소통하기 위해 감정과 행동을 읽어내는 능력을 키워야 한다. 필요하다면 자녀가 수상쩍게 여길 어떤 인공물도 걸치지 않은 채 완전히 마음의 옷을 벗고 자녀와 마주해야 한다. 하루에 10분만이라도 100퍼센트 서로에게 집중하고 교감할 수 있다면 소통하지 못할 이유가 없다.

인 성 은 대 화 를 통 해 전 달 된 다

부모라면 누구나 내 아이가 행복한 삶을 살기를 바란다. 그런데 어떤 삶이 진정으로 행복한 삶인가에 대해 깊이 생각하지 않는 것 같다. 오직 명문 대학 졸업장과 다른 사람들이 알아주는 직업, 남부럽지 않은 재산만 갖게 되면 내 아이가 평생 행복하게 살 거라고 믿는 듯하다.

그런데 정말 그럴까? 주위를 한번 둘러보자. 부자는 무조건 행복한 삶을 사는가? 명문 대학을 나온 사람들은 다들 행복한가? 남들이 부러워하는 직업을 가진 사람들은 행복하게 사는가? 우리는 그렇지 않다는 것을 잘 알고 있다.

진정한 행복은 그 사람이 가진 인성에서 비롯된다. 자율성, 자존감, 창의력, 리더십, 도덕성, 용기 등이 그것이다. 자율성은 주체적이고 능동적인 삶을 살아갈 수 있도록 도와주고, 자존감은 자기 안에 있는 힘을 깨닫게 해주는 행복에너지이다. 창의력과 리더십을 갖춘 사람은 사회로부터 환영받는다. 도덕성은 지혜롭고 올바른 삶을 살 수 있도록 도와주고, 용기는 삶의 고난 앞에서 당당히 맞설 수 있는 힘이 된다. 이런 인성을 갖추지 못한 채 돈과 권력,

탄탄한 직업만 주어진다면 그것이 무슨 의미가 있겠는가?

그렇다면 우리는 이것들을 어떻게 가르칠 수 있을까? 그 방법으로 '대화'만한 것이 없다. 한 사람의 생각과 행동, 가치관, 세계관 등을 특징짓는 인성은 어린 시절에 형성된다. 부모의 영향이 클 수밖에 없는 이유가 여기에 있다. 전기가 전선을 타고 흐르듯이, 부모의 인성이 대화를 통해 자녀에게 전달되는 것이다.

아 이 는 부 모 가 ' 말 해 주 는 대 로 ' 자 란 다

딸이 아주 어렸을 때의 일이다. 오랜만에 만난 PD가 "요즘 뭐하면서 지내요?"라고 묻기에 "도 닦고 있어요"라고 대답했다. 무슨 말이냐는 듯 눈을 동그랗게 뜨는 PD에게 "자식을 키우는 게 곧 도 닦는 거 아니겠어요?"라고 하자, 고개를 끄덕이며 웃음을 터트렸다.

내 아이가 하나를 가르치면 열 개를 깨달았으면 하는 욕심도 가라앉혀야 하고, 속 썩일 일만 찾아내서 하는 것 같을 때에도 묵묵히 받아들여야 하며, 달리기를 해도 시원찮을 판에 제자리걸음을 하고 있어도 그에 보조를 맞춰야 하는 것이 부모이다. 자식은 부모에게 끊임없이 자신을 내려놓고, 비우고, 돌아보게 만드는 존재가 아닐까 싶다. 그래서 옛부터 자식을 키워봐야 어른이 된다는 말이 있었는지 모르겠다.

아이를 키우는 일에서는 정말로 쉬운 일이 하나도 없다. 잔소리를 퍼부어놓고 후회하고, 순간적으로 감정을 조절하지 못해 소리를 버럭 지르는 일이 매일매일 반복된다. 아이의 성격을 받아들이지 못해 힘들어하고, 욕심만큼 따라주지 않는다고 속을 끙끙 앓는다. 이런 모든 순간에 부모가 잊지 말아야 할 것이 바로 '부모 말이 문서'라는 속담이다.

1950년대에 제임스 비커리라는 광고 전문가는 '팝콘을 먹어라'와 '콜라를 마셔라'라고 쓴 화면을 영화 필름에 끼워 넣었다. 숨겨진 메시지는 순식간에 지나가서 관객들은 거의 알아차리지 못할 정도였다. 하지만 관객들의 무의식은 이것을 놓치지 않았다. 결과적으로 콜라의 판매는 18퍼센트, 팝콘의 판매는 57퍼센트가량 늘어났다. 마찬가지로 아이가 '너는 안 돼', '너는 왜 그 모양이니?', '너는 나쁜 아이야', '너는 매일 말썽만 일으키는구나'라는 말을 자주 듣게 되면 아이의 무의식은 이것을 놓치지 않는다. 아이는 부모가 말한 그대로의 모습으로 성장할 가능성이 높다는 말이다.

마법사의 주문으로 사용하는 '아브라카다브라'는 히브리어로 '말한 대로 될지어다'라는 뜻을 가지고 있다. 성경에도 '태초에 말씀이 있었다'라고 했다. 말은 그만큼 놀라우면서도 무서운 힘을 가지고 있다. 내가 아이에게 내뱉은 말 한마디가 마법사의 주문이 되고, 태초의 말씀이 된다는 것을 기억하고 조심하는 것이야말로 성숙한 부모가 되는 첫걸음일 것이다.

c o n t e n t s

2장 아이와 대화하기, 왜 어려울까?

3장 대화를 잘하면
학습능력이 높아진다

4장 아이의 가능성, 10분 대화로 깨워라

5장 방법을 바꾸면
대화의 질이 달라진다

형이잖아!" | "형 좀 닮아라!" | "네가 하는 일이 다 그렇지 뭐" | "내가 너 때문에 못 살아!" | "뚝 그쳐!" | "내가 누구 때문에 이 고생인데?" | "왜 시키지도 않은 일을 해서 엄마를 힘들게 만들어?" | "시키면 시키는 대로 해!"

아이에게
집중하는 시간이
필요하다

1장

엄마 아빠의 10분이
아이의 인생을
바꾼다

훌륭한 예술은
작가의 한결같은 노력에 의해서만 얻어진다.
· 레이놀즈 ·

마음이 흔들리는
아이들에게
귀를 기울여라

친구로부터 이런 질문을 받았다.

"너는 부모님께 사랑받았던 기억이 있니? 막연히 부모님이 나를 사랑했다는 그런 것 말고, 퍼뜩 떠오르는 한 순간이나 추억 같은 거 말야."

친구의 말과 함께 부모님과 함께했던 여러 추억의 장면이 사진처럼 내 뇌리를 스쳐갔다. "그럼 물론 있지!"라고 했더니 친구는 "너는 참 행복한 사람이구나"라고 했다. 뒤늦게 심리학을 공부하기 시작한 친구는 요즘 사람들을 만날 때마다 나에게 했던 것과 똑같은 질문을 하고 다닌다고 한다.

하지만 부모님의 사랑을 확실히 느낄 수 있었던 추억의 한 장면을 떠올리는 사람이 의외로 많지 않다고 한다. 10명 가운데 한두 명이 될까 말까 하다는 것이다. 그 질문을 받고 눈물을 터트린 사람도 있다고 한다. 부모님의 사랑을 추억할 만한 장면이 단 한 장면도 떠오르지 않는다면서, 그래서 지금 내가 아이들에게도 사랑을 주지 못하고 있는 것 같다면서.

당신은 어떤가? 부모로부터 사랑받았던 기억, 전광석화처럼 떠오르는 행복하고 가슴 벅찬 추억의 한 장면을 갖고 있는가? 그리고 무엇보다 당신의 아이는 어떨 것 같은가?

아이의 DNA에는 어떤 꼬리표가 붙어있을까?

많은 사람들이 우울하고 끔찍하고 괴로운 기억을 지우고 싶어한다. 그러면 더 행복해질 것이라고 생각한다. 실제로도 기억을 지우는 방법에 대한 연구가 이뤄지고 있고, 우울증 치료에 사용되는 전기충격요법으로 기억하고 싶지 않은 기억을 지울 수 있다는 연구결과도 있다. 개인적으로 나는 '우울하고 끔찍하고 괴로운' 기억만큼 우리를 괴롭게 만드는 것이 사랑받은 기억이 없을 때가 아닐까 싶다.

최근 '후성 유전학'이 주목받고 있다. 과학자들은 양육이나 사는 환경에 의해 그때그때 만들어지는 메틸기라는 꼬리표가 DNA에 달라붙어 한 사람의 삶을 결정하게 된다는 사실을 밝혀냈다. 태어날 때부터 갖고 있는 선천적인 DNA에다가 수정란이 된 이후부터 살아가면서 겪게 되는 환경, 즉 후성(後

成)이라는 꼬리표까지 더해져 지금 우리의 모습을 형성하게 된다는 것이다. 똑같은 유전자를 가지고 태어난 쌍둥이라도 자라면서 성격이나 건강 상태, 좋아하는 것과 싫어하는 것 등이 달라지는 이유는 환경이나 기억 등으로 인해 생기는 DNA의 꼬리표, 즉 메틸기가 원인이라고 한다.

주변환경, 양육자의 태도, 살면서 우리가 겪게 될 모든 일들, 그리고 감정들까지 모두 메틸기라는 DNA의 꼬리표가 될 수 있다. 그리고 그 꼬리표는 한 사람의 삶을 좌우할 수도 있다. 그래서 나이 마흔이 넘으면 자기 얼굴에 대한 책임은 스스로 져야 한다고 말하는 것이 아닐까.

부모인 우리는 내 아이가 성장하면서 갖게 될 DNA 꼬리표에 많은 책임을 지고 있다. 양육환경은 물론이고 부모의 사랑, 자라면서 겪게 될 행복이나 분노 같은 감정들까지 내 아이의 DNA에 기록되고 영향을 미칠 것이기 때문이다. 〈신경정신약학회지〉에 따르면 아동학대를 당하는 아이들은 DNA에 학대 '꼬리표'가 촘촘히 붙게 되고, 심한 경우 자살에 이르게 된다고 한다.

내 아이가 사랑의 기억이라는 '꼬리표'를 많이 가지기를 원하는가? 아니면 DNA의 어느 꼬리표를 뒤적거려도 '부모님의 사랑'을 찾을 수 없는 사람이 되기를 원하는가? 당연히 전자일 것이다. 하지만 눈만 마주쳤다 하면 "공부해라"는 폭풍잔소리가 이어지고, 학원으로 등 떠미는 매몰찬 손길만 있고, 위협과 협박, 통제로 일관하는 양육환경에서 자라는 아이는 사랑의 '꼬리표'를 가지기 힘들다.

인하대학교 김은기 교수에 따르면, 특히 6세 이전에 좋은 꼬리표를 많이 만드는 것이 중요하다고 한다. 지금 내 아이는 사랑의 꼬리표와 행복의 꼬리표를 주렁주렁 달고 있는 아이인지 부모라면 한번쯤 돌아봐야 한다. 그리고 지금부터라도 좋지 못한 꼬리표는 하나하나 떼어내고 그 자리에 아름다운 꼬리표를 달 수 있도록 노력해야 한다. 당신의 노력에 따라 아이들 휴대전화에 '엄마, 아빠'로 저장될 수도 있고, '받지 마, 악마, 마귀할멈, 괴물' 같은 닉네임으로 저장될 수도 있다.

아 이 의 마 음 을 흔 들 지 마 라

'흔들린 아이 증후군'이라는 증후군이 있다. 아기가 울거나 보챌 때 달래거나 혼내면서 심하게 앞뒤로 흔들어서 생기는 증상을 가리킨다. 특히 2세 이하의 아기에게 발생할 가능성이 높은데 머리를 지탱하는 목의 근육과 뇌 사이의 혈관이 발달이 덜 되어 있어서 쉽게 손상되기 때문이다. 미국에서는 '흔들린 아이 증후군'을 아동학대로 본다. 그만큼 아이를 흔드는 것은 위험하다.

그런데 아이의 몸을 직접 흔들어 '흔들린 아이 증후군'을 일으키게 하는 것만이 아동학대는 아니다. 부모가 아이의 마음을 흔들고, 아이의 성장을 흔드는 것 또한 학대에 속한다.

"너 때문에 창피해서 고개를 들고 다닐 수가 없어."

"누굴 닮아 그 모양이니?"

"너 때문에 못 살아!"

"다른 아이들도 다 가는 학원이야. 엄살 피우지 마!"

"1등이 아니면 아무 소용없어."

부모의 이런 말 한마디, 생각, 행동 하나하나는 그야말로 무시무시한 폭풍이 되어 아이의 마음을 흔들고 무릎을 꺾어버린다.

　도종환 시인의 시 '흔들리며 피는 꽃'에서도 말했듯이 이 세상에 흔들리지 않고 피는 꽃은 없다. 우리의 아이들도 흔들리며 꽃을 피운다. 세상이, 교육 환경이, 친구들이, 주변 사람들이 아이를 흔든다. 살아가면서 흔들림을 피해 갈 도리는 없다.

　문제는 부모까지 나서서 아이들을 흔든다는 것이다. 그렇잖아도 세상의 흔듦에 몸과 마음이 고달프고 주저앉고 싶은 아이를 부모까지 나서서 흔들어대는 것은 학대이다. 아이들에게 미치는 영향이 주변환경에서 오는 흔듦보다 훨씬 더 크기 때문이다.

　어린 나무를 심을 때 뿌리가 흔들리지 말라고, 광풍에 가지가 꺾이지 말라고 버팀목을 세워준다. 부모는 아이가 흔들릴 때 버팀목 같은 존재가 되어야 한다. 거센 폭풍을 막아주는 비빌 언덕이 되어주어야 하는 것이다. 그렇게 해야만 내 아이가 흔들림 속에서도 튼튼한 나무로 성장해갈 수 있고, 탐스러운 열매도 맺을 수 있다.

　부모가 아이를 흔들지 않고, 세상의 거센 바람 앞에서 보호해주는 데 대화만 한 것이 없다. 여기서 말하는 대화는 언어를 통한 소통만을 이야기하는 것이 아니다. 눈빛과 몸짓, 표정, 애정표현 등 아이와 소통할 수 있는 모든 방법을 말한다. 그런 대화 속에서 부모의 사랑을 충분히 느끼면서 자라는 아이는 정말로 '행복한 사람'으로 성장해갈 수 있다.

하루 10분이라도 대화시간을 따로 만들어라

"너 숙제했어? 방은 왜 또 이 모양이야?"

"……"

"도대체 몇 번을 말해야 엄마 말을 들을 거야? 숙제부터 하고 놀라고 했어, 안했어? 어쩜 그렇게 엄마 말 안 듣는 건 네 아빠랑 똑같니? 어휴, 이놈의 청소는 해도 해도 끝이 없고 엄마가 이 집 가정부야?"

언제 끝날지 모르는 엄마의 잔소리는 오늘 또 이렇게 시작된다.

그렇다면 이런 예는 어떨까?

"너 숙제했어?"

"아직⋯⋯."

"벌써 밤 11시인데 아직도 숙제를 안 했으니 어떻게 하니? 숙제를 안 하고 자면 어떻게 될까? 선생님께 혼나겠지? 지금부터 숙제를 하고 12시 넘어서 자면 학교 가서는 졸릴 거고, 졸다가 들키면 선생님께 또 혼나겠지? 더군다나 숙제를 하지 않으면 결국 시험 성적이 엉망일 텐데, 성적이 엉망인 사람이 훌륭한 사람이 될 수 있겠어?"

아이의 인생까지 들먹이며 장황한 설교를 늘어놓고 있다.

이런 잔소리나 장황한 설교가 대화일까? 대화는 상대와 이야기를 주고받는 것이고, 대화의 목표는 공명과 소통이다. 그렇다면 이것들은 대화라고 할 수 없다.

서로에 대한 믿음은 대화에서 나온다

전형적인 경상도 남자여서 자식들에게 살갑게 다가설 줄 몰랐던 나의 아버지는 내가 중학교 1학년 때 교통사고로 돌아가셨다. 워낙 갑작스럽게 찾아온 이별인데다 아직 어릴 때여서 아버지와의 추억이 많지는 않지만, 그래도 지금까지 나에게 힘이 되는 추억이 하나 있다. 그것은 초등학교 6학년 때 아버지와 가졌던 짧은 시간의 추억이다.

나는 그때 할아버지 댁에 어머니 심부름을 다녀오는 길이었다. 할아버지 댁에서 저녁을 먹고 출발했기 때문에 버스정류장에 내렸을 때는 깜깜한 밤이었다. 그런데 버스정류장에 아버지가 나와 계셨다. 생각지도 못했던 터라

반가움이 더 컸다.

집에 도착했을 때 어머니가 "슬그머니 나가더니 애 마중 갔다 왔어요?" 하고 묻자, 아버지는 "아니, 뭐 그냥 바람이나 쐴까 싶어서……"라고 말꼬리를 흐리셨다. 버스정류장에서 집에 도착할 때까지 아버지와 어떤 이야기를 나눴는지는 전혀 기억나지 않는다. 아버지와 함께 걸었던 기억 속의 길은 멀리서 와글와글 울어대던 개구리 소리로 가득할 뿐이다. 어쩌면 무뚝뚝했던 아버지와 한마디도 나누지 않았을지 모른다.

그런데 대화내용도 기억나지 않고, 길어야 10분밖에 되지 않았을 그 짧은 시간을 나는 내 인생에서 가장 행복했던 순간들 가운데 하나로 추억하고 있다. '아, 나는 아버지에게 소중한 아이구나. 아버지가 나를 사랑하고 있구나' 하는 것을 몸과 마음으로 절절히 느꼈기 때문이리라.

질풍노도의 사춘기, 힘에 부쳤던 고3 시절, 그리고 세상의 거친 풍파와 마주칠 때마다 나는 아버지 산소를 찾아가 생각에 잠기곤 했다.

'그래. 나는 우리 아버지의 소중한 딸이야. 나는 소중한 사람이야. 여기서 주저앉으면 안 돼.'

행복하고 싶은 욕구는 모든 인간의 기본적인 욕구이다. 그리고 누군가에게 받아들여지고, 누군가로부터 사랑받고 있고, 누군가와 단단히 결합되어 있다는 믿음은 행복의 필요조건이다. 특히, 아직 육체적으로 정신적으로 미성숙한 아이들의 경우, 행복의 필요조건이자 충분조건은 부모에게 받아들여지고, 부모에게 사랑받고, 부모와 단단히 결합되는 것일 수밖에 없다. 자녀에게 행복한 순간을 매일 10분씩만 선물해보자. 아이에게 평생의 힘이 되는 든든한 행복통장이 만들어질 것이다.

아이에게 몇 분을 투자할 수 있는가?

물론 대화에서 양도 중요하다. 하지만 그것보다 중요한 것은 대화의 질이다. 아무리 많은 대화를 주고받더라도 그 대화란 것이 "숙제했니?", "지금 당장 안 하면 혼난다" 등의 협박이나 비난 일색이라면 무슨 소용이겠는가? 차라리 그 시간에 아이를 품에 안고 마음을 읽어주는 게 낫다.

직장맘들의 이야기를 들어보면 정말 눈물 없이는 들을 수 없는 사연들이 많다. 하루 종일 일에 시달리다 퇴근하면 그때부터 집에서 하루 일과가 다시 시작된다. 저녁식사를 준비해서 먹고, 광풍이 휩쓸고 지나간 것처럼 어질어져 있는 집을 치워놓고 애들 숙제 좀 봐주다 보면 12시가 훌쩍 넘어간다. 아이들은 공부를 하기는 하는 건지 학원에 보내놔도 성적이 안 오르고, 영재교육이니 특목고니 하는 말이 들릴 때마다 가슴이 철렁 내려앉는다. 남편은 집안일을 아내 몫인 것처럼 나 몰라라 하고 아이가 아프거나 문제를 일으키면 돌봄부족이 원인인 것 같아 죄책감이 생긴다.

남편들도 할 말은 있다. 아이들이 한창 성장하는 초·중·고등학교 시절이 아버지들에게도 사회에서 무척 중요한 시기이기 때문이다. 이때 제대로 자리 잡지 못하면 사회적으로 도태되고 말 거라는 불안감이 늘상 따라다닌다. 그래서 시간도 시간이지만 사실 마음의 여유가 없다.

전업주부라고 편안한 삶을 살고 있는 것은 아니다. 살림하랴, 남편 내조하랴, 아이들 운전기사 노릇하랴, 진학 정보 챙기랴 바쁘긴 마찬가지다. 마을도서관의 관장을 하면서 만났던 엄마들의 이야기를 들어보면 직장맘보다 오히려 전업주부들이 더 바쁜 것 같았다.

그러다 보니 온 가족이 함께할 시간이 별로 없다. 그런 와중에 여가가 생겨도 대부분 텔레비전 앞에서 시간을 보낸다. 한 조사에 따르면 여가시간에 텔레비전을 본다는 응답이 평일이나 주말 모두 평균 80퍼센트나 차지했다.

통계청이 발표한 '2009년 생활시간 조사'에 따르면 우리나라 국민들은 평균 하루에 5시간 13분의 여가시간을 갖는다고 한다. 이 여가시간 가운데 자녀를 위해 몇 분을 투자하고 있는지 생각해보자.

아이에게 집중하는 시간이 필요하다

자녀와의 대화시간을 늘리고 싶다면 몇 가지만 실천해보자.

첫째, 텔레비전 시청을 줄이자. '캠퍼스의 리틀 아인슈타인'으로 세계 언론으로부터 주목받았던 쇼 야노의 어머니 전혜경 씨는 쇼가 대학에 입학하기 전까지 텔레비전을 벽장 안에 두었다고 한다. 텔레비전이 사라지자 자연스레 가족 간의 대화시간이 많아져서 쇼의 아버지 가쓰라 씨는 퇴근 후 자녀와 하루 동안 무슨 일이 있었는지, 그 일을 통해 무엇을 느꼈는지, 어떤 변화가 있었는지 등을 끊임없이 묻고 대화를 나눴다고 한다.

우리 집에도 텔레비전이 없다. 주변 사람들이 "아이 공부 때문에 텔레비전을 없앴나 보죠?"라고들 하는데, 그럴 때마다 나는 이렇게 대답한다.

"아니요. 아이가 아니라 저 때문에 없앴어요."

텔레비전 때문에 글 쓰는 시간을 빼앗기는 것도 있었지만, 텔레비전에 시선을 빼앗겨 내 아이의 얼굴을 볼 시간이 줄어드는 것도 싫었다. 현실적으로 텔레비전을 없앨 수 없다면 정해진 시간에만 텔레비전을 켜고, 다 보고 나면 바로 끄자. 텔레비전을 보지 않을 때 꺼두기만 해도 대화시간을 늘릴 수 있다.

둘째, 10분 일찍 일어나자. 대부분의 가정에서 아침 풍경은 북새통이다. 부모들은 출근준비로 바쁘고 아이들은 유치원이나 학교 갈 준비로 바쁘다. 부모는 '빨리 빨리'를 외치고, 그럴수록 애들은 늑장을 부리는 것 같아 결국 고래고래 소리까지 지르게 된다. 반복되는 아침 상황을 바꾸고 싶다면 10분만 일찍 일어나면 된다. 그리고 그 시간을 아이를 깨우는 데 투자하라. 아이가 스스로 알람을 맞춰놓고 일어난다면 그 10분을 아침인사 시간으로 활용하면 된다.

나보다 딸의 키가 더 커버린 지금도 나는 갖은 애정표현으로 아이를 깨운다. 어떨 때는 잠이 덜 깬 딸 옆에 누워서 "잘 잤어?"라고 인사하며 꼭 껴안는다. 또 어떤 때는 아기 때 해줬던 것처럼 쭉쭉쭉 다리를 주물러주고, 어떤 때는 귀에다 대고 "사랑해 사랑해 사랑해……"라고 수도 없이 말해준다. 딸이 잠을 완전히 털어내고 눈이 초롱초롱해질 때까지.

아침을 상쾌하게 시작하면 아침 풍경이 평화로워지고, 사랑의 마음을 전해줄 수 있는 시간이 확보된다. '빨리 빨리'를 외치지 않더라도 아이들이 스스로 유치원이나 학교에 갈 준비를 하는 작은 기적도 일어난다.

셋째, 아이가 하교하거나 부모가 퇴근해 돌아왔을 때, 10분 동안만 아이에게 집중하자. 옷을 조금 늦게 갈아입으면 어떻고, 저녁 식사가 10분 늦어지면 어떤가? 아이의 숙제가 10분 늦어진다고 큰일이 나는 것도 아니다. 대신 그 시간 동안 아이를 안아주고 오늘 무슨 일이 있었는지 물어보며 대화를 나누자. 짧은 시간이지만 아이가 하루 종일 떨어져 지낸 것에 대한 심리적 보상을 받기에는 충분한 시간이 될 것이다.

최고의
대화기술은
말 들어주기

엄마가 퇴근해 집에 돌아오면 아이는 엄마 뒤를 졸졸 따라다니며 오늘 있었던 일을 미주알고주알 이야기한다.

"엄마, 오늘 학교에서 돌아올 때 길을 묻는 할머니를 만났는데, 마침 우리 아파트여서……."

"숙제는 다 했어?"

"응. 그런데 그 할머니가 아주 무거운 짐을 들고 계시는 거야."

"거실을 왜 이렇게 어질러놨어?"

"지금 치울게. 그래서 엄마, 그 할머니를 내가 도와……."

"너 수학 시험 본댔지? 몇 개 틀렸어?"

"그게…… 5개."

"뭐, 5개? 너 학원에 열심히 다니는 거야, 마는 거야? 수학을 5개씩이나 틀려놓고는 할머니를 도와서 뭘 어쨌다고? 당장 들어가서 공부해!"

동문서답도 이런 동문서답이 없다. 아이가 말을 하고 있건 말건 엄마는 자기가 궁금한 것만 묻고 할 말만 하고 있다. 자녀와 부모 사이에 이렇게 어긋난 대화가 반복된다면 머잖아 대화단절이 될 것은 불 보듯 뻔하다.

자녀와 대화를 할 때는 세 가지 원칙만 지키면 된다. 그것은 잘 듣고, 잘 읽고, 잘 말하는 것이다.

말하기 전에 충분히 들어줘라

미하엘 엔데의 소설 《모모》의 한 대목이다.

꼬마 모모는 어느 누구도 따라갈 수 없는 재주가 있었다. 그것은 바로 다른 사람의 말을 들어주는 재주였다. ……모모는 어리석은 사람이 갑자기 아주 사려 깊은 생각을 할 수 있게끔 귀 기울여 들을 줄 알았다. 상대방이 그런 생각을 하게끔 무슨 말이나 질문을 해서가 아니었다. 모모는 가만히 앉아서 따뜻한 관심을 갖고 온 마음으로 상대방의 이야기를 들었을 뿐이다. ……그러면 그 사람은 자신도 깜짝 놀랄 만큼 지혜로운 생각을 떠올리는 것이다.

그런 일이 반복되자 마을 사람들은 무슨 일만 생기면 이렇게 말했다.

"아무튼 모모에게 가보게!"

대화법이라고 하면 대부분의 사람들은 '말하는 것'만 떠올린다. 그래서 모모의 재주가 '누구도 따라갈 수 없는 특별한 재주'가 되는 것이다.

대화의 시작은 말하는 것이 아니라 듣는 데 있다. 대화의 황금률을 흔히 7:3이라고 하는데, 여기서 경청이 7, 말하기가 3이다. 경청을 대화의 시작이자 끝이라고 해도 전혀 과장이 아닌 것이다.

자녀에게 영어를 가르칠 때 귀를 틔워주기 위해 들려주기를 가장 먼저 시작한다. 마찬가지로 자녀의 말에 귀를 열지 않고는 부모의 말하기도 공염불이 되고 만다.

자녀에게 가장 좋은 교육은 '엄마 아빠는 너를 신뢰하고 사랑한다'는 것을 깨우쳐주는 것이다. 자녀의 말을 열심히 들어주는 것이야말로 부모의 신뢰와 사랑을 보여주는 가장 확실한 방법이다. 그러다 보면 아이들이 스스로에게 이렇게 말할 날이 올 것이다.

"아무튼 일단 엄마, 아빠에게 가보자!"

자기애는 사랑받은 경험에서 나온다

자녀와 일상적인 대화 말고는 나눠본 적이 없는 아버지가 어느 날 갑자기 아이와 허심탄회한 대화를 하겠다고 나섰다.

"아빠랑 이야기 좀 할까?"

하지만 아무리 다정한 목소리로 말을 걸어도 아이는 긴장상태에 들어간다. 그동안 아버지와 대화다운 대화를 나누지 못했으니 당연한 반응이다.

"친구들하고 무슨 문제는 없니?"

"없어요."

"친구는 많아?"

"예."

여기까지 묻고 나면 아버지는 더 이상 물어볼 게 없다. 아버지는 자녀에 대해 아는 것이 없고, 자녀는 처음부터 경계 태세를 취하기 때문이다.

자녀와 진지한 대화를 하기 위해서는 일차적으로 신뢰 형성을 위한 '바탕 대화'가 이루어져야 한다. 바탕 대화란 열심히 들어주는 단계를 넘어서 말의 이면에 숨겨져 있는 자녀의 마음을 읽고 이해하며 나아가 공감하는 것을 말한다. 누구나 자신에게 공감해주는 사람에게 마음의 문을 열기 마련이다. 자녀의 말을 경청하고 그 마음까지 읽을 수 있게 되면 대화는 거의 완성되었다고 봐도 무방하다.

나는 늘 딸에게 "자신을 존중하고 사랑해야 해"라고 말한다. 이 세상에서 가장 사랑해야 하는 사람은 부모나 타인이 아니라 자기 자신이라고 가르친다. 자신을 사랑하는 아이는 절대로 잘못된 길로 가지 않는다고 나는 믿는다. 스스로 자기 자신을 사랑하는 것은 부모의 백 마디 훈계보다 더 큰 효과가 있다. 이러한 자기애는 사랑받고, 공감받고, 이해받은 경험에서 나온다. 하루에 단 10분이라도 아이의 말에 귀 기울여주고, 그 마음을 읽어주어야 하는 이유가 여기에 있다. 말하기는 그 다음에 해도 늦지 않다.

경청과 마음 읽기가 이뤄지고 나면 사실 말하기는 따로 고민하지 않아도 된다. 저절로 이루어지기 때문이다. 사랑하는 사람과는 조금이라도 더 같이 있고 싶은 법이고, 내 마음을 이해해주는 사람에게는 온갖 이야기를 쏟아놓기 마련이다.

아이들도 마찬가지다. 부모를 사랑하고 부모가 내 마음을 가장 잘 이해해주는데, 대화가 단절될 이유가 없다. 다만, 사랑에도 기술이 필요하듯이 말하기에도 기술이 필요하다. 어떻게 말하느냐에 따라 닫힌 마음이 열릴 수도 있고, 열린 마음이 다시 닫힐 수도 있다.

언어는 생각을 담는 그릇이라고 한다. 내가 어떻게 말하느냐에 따라 나의 '생각'이 달라지고, 내가 어떻게 말하느냐에 따라 그 말을 듣는 사람의 '생각'이 달라진다.

"내가 그의 이름을 불러주기 전에는 그는 다만 하나의 몸짓에 지나지 않았다. 내가 그의 이름을 불러주었을 때 그는 나에게로 와서 꽃이 되었다."

김춘수 시인의 '꽃'이 말하고 있듯, 내가 어떻게 불러주느냐에 따라 내 아이가 꽃이 될 수도 있고 잡초가 될 수도 있다는 것을 기억하자.

자녀와의 관계,
절대
포기하지 마라

　　왕따문제가 심각한 사회문제로 떠오른 지 오래이다. 그래서 부모들은 아이가 유치원이나 어린이집 생활을 시작하는 대여섯 살부터 자녀의 친구관계에 깊은 관심을 보인다. 아이들을 집으로 불러 자녀의 친구 만들기를 적극적으로 도와주기도 하고, 바쁜 시간을 쪼개어 자녀 친구의 엄마들과도 친분을 쌓는다.

　　물론, 부모들이 생각하는 대로 아이의 친구관계는 무척 중요하다. 하지만 어디까지나 부모와의 원만한 관계가 먼저이다. 친구관계는 그것이 바탕이 된 이후에 이뤄져야 하는 부수적인 관계이다.

부모와의 유대감이 먼저다

자신의 어린 시절을 한번 돌아보자. 이지메라는 일본의 사회문제가 알려지기 전부터, 왕따라는 말이 만들어지기 전부터 따돌림 문화는 있었다. 그래도 사회문제로까지 확산되지 않았고, 자살이라는 최악의 비극을 낳지도 않았다. 여러 가지 이유를 생각할 수 있는데, 무엇보다 아이들에게 친구관계 외에도 친밀감을 느끼게 하는 다른 여러 관계가 있었기 때문이 아닐까 싶다. 그 시절 아이들은 부모와의 관계, 조부모와의 관계, 이웃과의 관계 등을 통해 따돌림이 주는 마음의 불안을 해소할 수 있었다.

하지만 요즘 부모들은 몹시 바쁘다. 아이와 나누는 대화도 공부에 대한 강요와 확인이 대부분이다. 조부모는 1년에 몇 번 볼까 말까 한 관계가 되었고, 이웃집에는 누가 사는지도 모른다. 이런 상황이다 보니 아이들은 오직 친구관계에 대해 노심초사하고, 따돌림에 돌이킬 수 없는 상처를 입으며, 친구에 대한 집착으로 고통을 받는다. 이것이 내 아이의 친구관계를 적극 후원해주기에 앞서 부모와 자식 간의 친밀한 관계가 전제되어야 하는 이유이다.

또 하나 생각해봐야 하는 문제는 왕따의 가해자도 우리 아이들이라는 것이다. 많은 부모들이 내 아이가 왕따의 피해자가 되지 않을까 전전긍긍하는데, 반대로 가해자가 될 수 있다는 사실에는 무관심하다. 친구를 때리고 들어오는 건 괜찮지만 맞고 들어오는 꼴은 못 보겠다는 심리와 다를 게 없다.

왕따의 가해자가 되는 아이들을 살펴보면 약자인 자신에 대한 보상심리에서 비롯된 경우가 많다. 부모의 억압, 대화단절에서 오는 적개심 같은 내면의 불만들을 해소하는 방법으로 왕따라는 비인간적인 방법을 선택하는 것이다.

　가해자든 피해자든 내 아이를 왕따라는 폭력적인 문화로부터 보호하기 위해서는 부모가 아이와 강력한 유대감을 형성하는 것이 최우선이다. 그에 가장 좋은 방법이 '공명과 소통이 있는 대화'이다.

　'부모 팔아 친구 산다'는 속담이 있다. 그만큼 인생을 살아감에 있어서 친구관계는 중요하다. 하지만 부모의 애정결핍으로 인한 친구관계나 부모에 대한 애정이 배제된 친구관계는 위험하다. 아이들이 또래 친구들에게 배우는 것은 생각하는 법, 개성의 중요성, 자기존중, 인격이나 내적 성장이 아니기 때문이다.

　아이들의 안정된 친구관계는 부모와의 충분한 애정과 인격적인 성숙 이후에 가능한 일이다. 그렇지 않으면 친구관계가 오히려 독이 될 수 있다. 누구나 알고 있듯이 잘못된 집착은 결국 파괴와 상처를 불러온다. 친구에 대한 잘못된 집착도 마찬가지다.

　에이브러헴 매슬로의 인간 욕구 5단계에서 3단계는 애정과 소속에 대한 욕구이다. 이것이 충족되어야만 4단계인 자기존중의 욕구로 발전할 수 있다. 애정과 소속에 대한 욕구와 자기존중의 욕구가 충족되지 않은 상태에서 타인과의 관계에 집착하게 될 때 어떤 결과가 초래될지를 예상하는 것은 어렵지 않다. 그 관계는 우정이 아니라 종속으로 발전할 가능성이 크다. 그러므로 부모는 아이에게 친구를 만들어주기 전에 자신이 먼저 친구가 되어주어야 한다.

애착관계가 잘 형성된 아이가 사회성이 높다

우리 몸에서는 수많은 호르몬이 만들어지는데, 사회성과 관련한 호르몬은 옥시토신과 바소프레신이다. 옥시토신과 바소프레신은 둘 다 사랑의 호르몬으로, 사회성에 관여하면서 인간에 대한 신뢰감을 형성하는 역할을 한다. 특히 옥시토신 수치가 아주 낮으면 아예 사회적 상호작용을 피하게 된다고 알려져 있다. 이러한 사회성 관련 호르몬 분비는 부모와의 애착관계와 깊은 관계가 있다는 사실이 밝혀졌다.

미국 워싱턴 대학의 아동감정연구소 세스 폴락 소장팀이 아동보호시설에서 유아기를 보낸 후에 입양된 아이들의 오줌에서 사회적 관계에 관련된 호르몬인 옥시토신과 바소프레신의 수치를 확인하였다. 이 실험은 생모에게서 자란 아동들을 대조군으로 삼았는데, 컴퓨터게임을 하면서 엄마와 낯선 여자의 도움을 30분 동안 받았을 때 나타나는 호르몬의 변화를 측정하는 방식으로 진행되었다.

실험 결과, 생모가 양육한 아이들은 부모와 접촉한 뒤에 옥시토신 양이 증가했지만 낯선 여자의 도움에서는 반응이 없었다. 이와 달리 입양아들은 두 상황 모두에서 옥시토신 수치의 변화가 나타나지 않았고 바소프레신도 낮은 수준을 유지했다. 유아기에 애착관계를 형성하지 못한 입양아들의 경우 사회적 감정과 관련한 호르몬이 적게 형성됐다는 것이다. 이 말은 곧 부모와의 안정된 애착관계가 아이의 사회성과 직결된다는 것을 의미한다.

그렇다면 이미 자녀와 대화의 고리가 끊어진 것처럼 느껴진다면 어떻게 해야 할까? 답은 '부모'에게 있다. 부모가 먼저 변하지 않으면 어떤 변화도 기대할 수 없다.

보통 다른 사람과 갈등이 생기면 나에겐 아무 잘못이 없고, 상대방에게 모든 잘못이 있다고 생각하기 쉽다. 마찬가지로 자녀와 갈등 상황에 빠지면 내 탓보다 아이 탓을 하게 된다.

아버지가 집에 들어오자 거실에 있던 아이가 방문을 쾅 닫고 들어갔다고 하자. 이럴 때 흔히 아버지들은 그동안 차곡차곡 쌓여온 관계의 틈을 보지 못하고 '버릇없다'고 혼을 낸다. 이런 아전인수 격의 상황파악은 문제해결에 결정적인 장애가 된다. 아이가 먼저 지고 들어오기를 바라는 '버티기 게임'은 자녀와의 관계에서 독이 될 뿐이다.

자녀와의 갈등을 해결하기 위한 최선의 처방전은 아무리 실망스러운 상황이라도 포기하지 않고 관계를 회복하기 위해 대화하고 노력하는 것이다.

당신이 아이의 얼굴을 찬찬히 들여다보는 때는 언제인가? 아이들이 커갈수록 우리는 아이가 잘못을 저질렀을 때 얼굴을 들여다보는 경향이 있다. 잘못을 지적하고, 지시하고, 통제하기 위해서이다.

이렇게 해서는 아이와 절대 가까워질 수 없다. 아이가 연인이라고 생각해보자. 연애시절 사랑하는 사람의 관심을 끌기 위해서, 상대의 마음을 얻기 위해서, 또 그 사랑을 계속 이어가기 위해서 어떤 노력을 기울였는지 떠올려보자. 그 사람과 조금이라도 더 이야기를 나누기 위해서 밤새 전화기를 붙들고 있었던 일들, 매일매일 만나는데도 마치 며칠 만에 만난 사람처럼 끝도 없이 이야기를 나눴던 순간들을 떠올려보자.

사랑을 할 때 사람들은 "당신은 내게 특별한 사람이야", "당신은 내게 너무 소중한 사람이야", "당신은 존재 자체만으로 나의 기쁨이야"라고 말하면서 자신의 마음을 상대에게 알리기 위해 노력한다. 그런 노력을 아이에게 기울일 수 있다면, 그래서 아이가 부모의 사랑에 푹 젖어들 수 있다면 부모와 자녀 간의 관계는 더욱더 돈독해질 것이다.

최고의
자녀교육법은
대화이다

"너 아침에 나가서 어딜 싸돌아 댕기다가 배고플 시간 되니까 들어오노? 대체 어디 갔다 왔노?"

아버지 김대희가 고등학생 아들 장동민에게 묻는다. 아들이 "학교 갔다 왔는데예"라고 대답하자, 아버지가 눈을 동그랗게 뜨고 이렇게 되묻는다.

"니 아직 졸업 안 했나?"

오래전 〈개그콘서트〉에서 인기를 끌었던 '대화가 필요해'에 나왔던 한 장면이다.

'밥 묵자!'만 외쳐대는 아버지, 아들에게 무관심한 어머니, 그리고 그런 부모 사이에서 겉도는 아들이 등장하는 이 코너는 대화가 부족한 오늘날의 가족 실상을 적나라하게 보여주었다. 이런 가정에서 자란 아들이 앞으로 어떤 인생을 살게 될지는 특별한 혜안이 없어도 충분히 그려볼 수 있다.

"나는 성장하는 과정에서 좋은 스승과 벗을 만나 큰 도움을 받았다. 그러나 그 무엇보다도 아버지로부터 받은 사랑과 교훈, 모범이 내 인생에서 가장 큰 도움이 되었다."

영국의 정치가 발포아의 말처럼 부모는 모름지기 먹이고 입히는 원초적인 본능 해결뿐만 아니라 사랑, 교훈, 모범 등을 통한 내적 성장까지 함께 돌봐야 하는 사람이다. 그런 내적 성장의 가장 중요한 촉매제가 바로 '대화'이다. 자녀를 이해하고, 부모의 생각과 가치관을 전하며, 자녀가 멋지고 아름다운 인생을 살아갈 수 있도록 도울 수 있는 수단으로 대화 말고 또 무엇이 있겠는가?

150여 년 전 아일랜드에서 미국으로 이주해 3대째에 큰 부자가 되고 4대째에 국회의원과 대통령을 배출하면서 미국의 명문가가 된 케네디가의 아메리칸 드림에는 식사시간을 활용한 토론이 있었다. 유배생활을 하던 정약용은 '편지'를 주고받으며 자녀교육을 했고, 운학 이암 종가에서는 집에 손님이 오면 자녀를 사랑방으로 불러 대화와 토론을 듣게 했다.

이러한 명문가의 자녀교육법에서 보듯 가치 있는 대화는 자녀의 성공적인 인생 경영을 위해 꼭 필요한 교육법이다.

아이 인생에 무엇을 선물할 것인가?

암 진단을 받은 한 아버지가 있었다.

다행히 초기여서 수술과 치료를 통해 완치되었지만 그 과정은 인생 전반을 돌아보는 중요한 계기가 되었다. 시간이 무한정 남아있다고, 먹고 사느라 바쁘다고, 아이를 위해서라도 성공해야 한다고 뒤로 미뤄왔던 일들이 사실은 가장 소중한 일이라는 것을 깨달은 것이다. 그것은 바로 '자녀와 함께하는 시간'과 '대화'였다.

"내 아이에게 돈만 벌다 죽은 아버지로 기억되겠구나 생각하니까 정신이 번쩍 들더라고요."

그 아버지가 한 말이다. 아버지는 방학을 하자, 직장에 한 달 휴직계를 냈다. 그리고 평소에 꼭 한 번 가보고 싶었던 남아메리카로 함께 여행을 떠났다. 아이에게 돈이라는 유산이 아니라 '아버지와 함께한 추억'과 '아버지에게 배운 삶의 지혜'를 유산으로 남겨주기 위해서!

부모가 자녀에게 줄 수 있는 최고의 선물은 무엇일까?

많은 재산이나 고액 연봉과 직결되는 학벌을 첫 손가락에 꼽는 부모도 있겠지만, 나는 무엇보다 '자기 인생의 주인'으로 살 수 있는 당당함과 삶의 고비를 헤쳐나갈 수 있는 끈기와 용기, 그리고 행복을 누릴 줄 아는 긍정적이고 밝은 인생관을 내 아이에게 선물하고 싶다. 그리고 이러한 나의 희망은, 암 진단을 받은 아버지처럼 내 아이와 함께하는 '시간, 추억 그리고 대화'를 통해 가능하다고 믿는다.

내 아이의 성공적인 인생을 위해 부모인 내가 주고 싶은 것이 무엇인지 생각해보자. 그리고 그것을 자녀교육의 중심에 놓아보자. 어쩌면 무심코 지나쳐왔을지도 모를, 지금까지 미처 보지 못했던 새로운 길이 보일지 모른다.

흥미로운 연구결과가 있다. 청소년들이 느끼는 삶의 만족도에 사교육과 주변관계가 미치는 영향을 연구한 것으로, 사교육을 받는 그룹과 받지 않는 그룹, 주변관계가 좋은 그룹과 좋지 않은 그룹으로 나눠 연구가 진행되었다.

연구 결과, 청소년들이 느끼는 삶의 만족도에 가장 큰 영향을 미친 것은 사교육의 여부가 아니라 '주변관계'인 것으로 나타났다. '삶에 매우 만족한다'는 응답이 가장 높았던 그룹은 사교육을 하고 있더라도 주변관계가 좋은 학생들이었다. 반대로 사교육이라는 스트레스가 없더라도 주변관계가 좋지 않은 그룹은 삶에 대한 만족도가 눈에 띄게 떨어졌다.

여기서 말하는 주변관계란 부모님과 친구, 선생님 등을 가리키는데, 그 관계의 핵심은 곧 다른 사람과 원활한 인간관계를 맺을 줄 아는 능력, 즉 커뮤니케이션 능력이다. 커뮤니케이션 능력이 얼마나 중요한지는 굳이 강조하지 않아도 알고 있을 것이다. 먼 곳에서 찾을 것도 없이 내 아이의 친구들 가운데 소위 인기짱인 아이만 살펴봐도 커뮤니케이션 능력의 중요성을 알 수 있다. 친구들과 생각과 느낌을 원활하게 주고받을 줄 아는 능력은 호감도를 높이는 마력으로 작용한다.

그렇다면 내 아이의 커뮤니케이션 능력을 어떻게 높여줄 수 있을까? 그것을 몸으로 체득하게 하려면 어떻게 도와주어야 할까?

커뮤니케이션의 기초는 대화이고, 자녀와 가장 친밀한 관계에 있는 주변인은 부모이다. 부모와 자녀 간의 원활한 대화는 곧 다른 주변인들과의 원활한 커뮤니케이션으로 이어지고, 자녀는 부모의 대화법을 보면서 주변사람들과의 소통법을 배운다.

재능 찾기, 관찰하고 대화하라

이제 겨우 여섯 살인 아이에게 온갖 예체능 사교육을 시키는 엄마가 있어서 그 이유를 물어보았다. 그러자 "아이가 어떤 것에 재능이 있는지 알기 위해서 다양한 경험을 시켜주는 거예요"라는 대답이 돌아왔다.

과연, 여러 가지 과외 교육을 통해서 아이의 재능을 발견할 수 있을까?

아이에게 숨어있는 능력을 알아보기 위해서는 세심한 관찰을 통해 무엇에 호기심을 가지고 있는지를 먼저 파악해야 한다. 그리고 적절한 칭찬과 인정으로 동기를 불러일으키는 대화가 이루어져야 한다.

물론 학원에서 만난 선생님이 아이에게 훌륭한 동기가 될 수 있다. 그러나 자녀의 재능을 발견하고 동기를 불어넣을 수 있는 사람으로 부모만 한 존재는 없다. 더구나 아이가 자신의 재능을 마음껏 꽃피우는 단계를 넘어 '성공'의 열매까지 맺기를 바란다면 '말하기 교육'이 뒷받침되어야 한다.

'성공'을 주제로 한 모 방송사의 다큐멘터리를 본 적이 있다. 방송 중간에 '어떤 사람이 성공한 사람인가?'라는 설문에 대한 결과가 나왔는데, 그 가운데 하나가 '방송 출연 등으로 인지도가 높은 사람'이었다. 많은 사람들이 방송을 통해 명성을 얻는 것을 성공이라고 생각하고 있는 것이다.

그렇다면 방송 출연을 하는 사람들은 어떤 사람들일까? 방송국에서 원하는 섭외 대상은 어떤 사람들일까? 지식이 많은 사람일까? 권력을 가진 사람일까? 한마디로 표현하기에는 약간 무리가 있지만 그래도 굳이 꼽자면 '말을 잘하는 사람'이 1순위이다.

생각해보자. 전문적인 지식은 많이 가졌지만 말을 잘 못하는 사람과 전문적인 지식은 약간 떨어지는데 말을 재미있게 잘하는 사람이 있다면 누구를 섭외하겠는가?

방송을 통해 대중에게 알려진 변호사, 의사, 교수, 연구원 같은 전문인들이 그 분야에서 과연 최고의 권위자일까? 최고의 권위자이면서 말을 잘하는 사람일 수도 있지만, 최고의 권위자는 아니지만 말을 잘해서 방송에 나오고 이름이 알려졌을 수도 있다. 물론 TV의 경우는 외모까지 따질 때도 있지만, 그것은 이왕이면 다홍치마일 뿐 1차적으로는 말재주가 있어야 한다.

다행스러운 점은 말 잘하는 능력은 후천적으로 얼마든지 개발이 가능하다는 점이다. 꾸준한 훈련을 통해 몸에 익힌다면 누구나 가질 수 있는 능력이다. 그리고 그 훈련의 시작이 바로 부모와의 대화이다.

아버지
교육의
놀라운 힘

'알파 대디'라는 말을 들어봤을 것이다. 이 말은 미국의 〈뉴욕타임스〉가 '21세기의 멋진 아버지 상'으로 대외적인 능력을 갖추면서도 엄마의 역할까지 해줄 수 있는 가정적인 아빠를 21세기 슈퍼대드^{super dad}, 알파남으로 꼽으면서 만들어진 신조어이다.

〈뉴욕타임스〉는 전설적인 골퍼 잭 니클라우스와 버락 오바마 대통령 등을 대표적인 알파 대디로 꼽았다. 다섯 아이의 아빠인 니클라우스는 경기 토너먼트 동안에도 비행기를 타고 집에 들러 아들의 축구경기를 참관하고 가급적 2주 연속 경기일정을 잡지 않는다고 알려져 있다. 또 오바마 대통령은 취임

후 아프리카 순방 중에 두 딸과 가나의 옛 노예무역 항구를 방문해 역사교육을 한 것이 화제가 되었다. 요즘엔 아이와 친구처럼 지내는 프렌디, 북유럽 스칸디나비아 아빠들을 지칭하는 스칸디 대디 등의 신조어도 유행하고 있다. 남성들의 적극적인 육아 참여가 중심이 된 프로그램이 시청자들에게 큰 인기를 끌고 있기도 하다.

이러한 아버지들의 변화는 긍정적이고 반갑다. 실제로 많은 학자들이 아버지의 육아 참여는 자녀의 창의성은 물론이고 신체 발달, 세계관과 적극적인 성격 형성, 사회성 발달에 많은 영향을 미친다고 말한다. 이것이 바로 아버지가 자녀교육에 참여해야 하는 중요한 이유이다.

멀고도 먼 관계, 아버지와 아이들

자식교육은 아내의 몫이라고 생각해오던 아버지가 어느 날 고등학교 진학을 앞둔 아들과 마주앉았다.

"어때? 전국석차 3퍼센트 안에 들 자신 있어?"

"예?"

"3퍼센트에는 들어가야 명문 대학에 갈 수 있을 거 아니냐?"

그러자 아들은 얼굴을 붉히며 이렇게 말했다.

"그럼 아버지는 제 과외비와 학원비에 매달 300만 원씩 투자할 수 있으세요?"

이 이야기 속의 아버지는 자녀 앞에서 초라해졌던 자신의 모습과 교육을 통한 부의 세습문제에 대해 열을 올렸는데, 정작 문제의 핵심이 '대화부족, 공감부족'에 있다는 것을 모르는 듯했다. 평소에 아들과 대화를 잘 나누지 않던 아버지가 성적이라는 예민한 문제를 가지고 다그쳤으니, 아들이 반발할 것은 불 보듯 뻔한 일이었다. 평소에 신뢰와 공감을 바탕으로 한 대화가 이루어지는 부자였다면 아들이 아버지의 경제적 능력을 들먹이며 자기변호를 하지는 않았을 것이다.

또 어떤 아버지는 처음으로 가족과 떨어져 2박 3일 캠프에 참여한 아들이 엄마에게는 수시로 전화해서 보고하면서 자신에게는 전화 한 통 없더라는 이야기를 하면서 씁쓸해했다.

"아들 목소리도 듣고 싶고 해서 애 엄마 휴대전화를 내가 대신 받았거든요. 그랬더니 대뜸 '어, 엄마는? 엄마 바꿔' 이러는 겁니다. 인사 한마디 없이……. 어찌나 서운하던지 눈물이 핑 돌더라니까요."

주변에 보면 이런 아버지들이 한둘이 아니다. 사춘기 아이들뿐만 아니라 이제 겨우 대여섯 살밖에 안 된 아이들조차 아빠가 다가오면 노골적으로 싫은 내색을 하는 경우도 많다.

그런 점에서 나는 딸과 남편의 관계가 무척이나 다행스럽다. 남편은 주중에는 직장 때문에 다른 지방에서 생활하다 금요일에 집에 온다. 자칫 잘못하면 딸과 대화의 공백을 느낄 수밖에 없는 환경이다. 그래서 남편은 딸에게 자주 편지를 보내고, 주말에는 딸과 함께 시간을 보내기 위해 노력한다.

언젠가 딸이 낚시를 한번 해보고 싶다고 말한 적이 있다. 나는 잊어버리고 있었는데, 남편은 그 다음 주에 낚시도구를 차에 싣고 집에 왔다. 직장 동료에게 빌린 낚싯대였다. 늦가을이어서 바람도 꽤 차가웠고 초보 낚시꾼인 아빠와 딸이다 보니 피라미 한 마리 못 잡고 돌아왔지만, 그래도 남편과 딸은 신이 난 얼굴이었다.

브라운 아이드 걸스의 'Candy Man'이라는 노래에 '판타스틱한 매너와 유머러스한 그 센스'라는 가사가 있는데, 딸이 어느 날 이 노래를 들려주며 말했다.

"엄마, 이 부분 말이야. 꼭 우리 아빠를 가리키는 것 같지?"

30분 대화가 창의성을 키운다

창의성 전문 검사기관인 한국메사연구소가 5세에서 7세 자녀를 둔 부모 100명을 대상으로 실시한 조사에 따르면, 상위 25퍼센트의 창의성 집단에 속하는 아이들 중 26퍼센트가 하루 30분 이상 아버지와 대화를 나누는 것으로 나타났다. 반면 대화시간이 30분 미만인 경우는 상위권에 속한 아이들 중 13퍼센트에 그쳤다. 아버지가 아이들에게 얼마나 긍정적인 영향을 미치는지를 확인할 수 있다.

아버지는 아이들에게 드넓은 세상을 보여주는 창과 같은 사람이다. 아버지와 나눈 긍정적인 의사소통 경험은 아이들이 자기정체성과 가치관을 확립해 나가는 바탕이 되며, 이것은 성공적인 사회생활을 위한 중요한 요소가 된다.

맞벌이가 시대적 대세이다. 미혼 남성들은 외모가 조금 떨어지더라도 능력있는 전문직 여성이 좋다고 공공연하게 말할 정도이다. 그럼에도 자녀양육은 여성들의 몫이라는 인식이 여전하다. 한국여성개발원이 조사한 바에 따르면, 미취학 자녀를 둔 가정의 경우 직업이 있는 여성이 자녀를 돌보는 시간은 하루 평균 8시간 40분으로, 전업주부의 13시간 20분에는 못 미치지만 남성과는 큰 차이를 보였다. 남편은 고작 1시간 17분뿐이었다. 전업주부건 직장여성이건 자녀양육은 대부분 여성이 떠맡고 있는 것을 알 수 있다.

더구나 이 시대의 아버지들은 '어떤 아버지가 좋은 아버지인지, 아버지 노릇을 어떻게 해야 하는지'에 대해 이전 시대의 아버지들에게 배우지 못했다. 변화하고 싶고 자녀와 더 많은 대화를 나누고 싶지만 방법을 모르는 경우가 대부분이다. 하지만 현실이 의식을 따라가지 못하는 지금, 자녀와의 대화를 등한시하는 아버지를 탓하고만 있을 수는 없다.

싱가포르에는 정부와 민간단체인 전국가족협회가 공동 운영하는 '아버지 센터'가 있다. 아버지가 보육정보를 얻고 실습도 할 수 있는 곳으로 전국 100여 곳에서 무료로 운영된다. 우리나라에도 최근 육아휴직을 하는 아빠들이 늘고 있다는 소식이 들린다. 반가운 일이다.

아버지와 자녀 간의 대화시간을 늘리기 위해서는 아버지의 의지가 가장 중요하지만, 엄마들의 뒷받침이 필요하다. 아버지에게 자녀에 대한 정보를 제공하고, 함께할 수 있는 기회를 더 많이 만들어주어야 한다는 말이다.

아버지 노릇도 연습할 시간이 필요하다

아이 아빠에게 갓난아이를 맡기고 외출을 하게 될 때 불안해하는 엄마들이 많다. 젖병은 제대로 소독하는지, 우유는 시간 맞춰 잘 주는지, 기저귀는 제대로 갈아주는지 하나에서 열까지 온통 걱정투성이다. 그런데 아빠들도 안 해 봐서 그렇지 몇 번 경험하면 육아일이 손에 붙게 된다. 따라서 엄마들이 시행착오를 경험할 수 있는 시간을 충분히 주어야 한다.

대화에서도 마찬가지다. 아버지와 자녀가 함께 대화할 수 있는 시간을 만들어줘야 한다. 여성가족부가 5년마다 실시하는 '가족실태조사'에 따르면 조사 시점을 기점으로 지난 한 달간 아버지와 산책이나 운동을 한 번이라도 해본 자녀는 10명 중 2명, 영화나 음악회 등 문화생활을 해본 자녀는 10명 중 1명으로 나타났다. 아버지와 함께하는 시간이 절대적으로 부족한 현실이다.

아버지와 아이의 대화단절은 커뮤니케이션 능력 탓이 아니다. 대화라는 것은 많은 시간과 생활을 공유하는 사람들 사이에서 이루어지기 마련이다. 아버지들은 자녀와 함께하는 시간을 갖기 위해 노력해야 하고, 어머니들도 남편에게 도움을 줘야 한다.

가령, 갓난아이를 맡기고 외출하면서 젖병 소독법과 우유를 줘야 할 시간, 기저귀 가는 법을 알려주듯이, 자녀의 고민이나 특성을 귀띔해주고 아버지가 실천하면 좋을 교육법이 있다면 그 정보까지 제공하자. 그런 시간을 몇 번 가지고 나면 아버지와 아이 사이에는 애착의 고리가 형성된다. 그때부터는 굳이 정보를 제공하거나 자리를 따로 마련해줄 필요가 없다. 한 번 만들어진 관계의 고리가 알아서 그 시간과 자리를 만들어갈 것이기 때문이다.

아들과 딸 모두에게 아버지가 필요하다

자녀에게 아버지가 필요하다는 것은 너무 당연한 말이다. 그럼에도 남자아이와 여자아이를 구분해 다시 한 번 아버지의 역할을 강조하는 이유는 남자아이와 여자아이의 차이 때문이다.

맏이가 딸이고 둘째가 아들인 엄마들과 이야기를 나누어보면 딸은 잔소리할 것이 없는데, 아들은 감당이 불감당이라는 말을 자주 한다. 엄마들 입장에서는 동성인 딸에 비해 아들에 대한 이해도가 떨어질 수밖에 없다. 발달도 여아에 비해 남아가 더딜 뿐만 아니라 아들이 가진 산만함이 낯설기만 한 것이다.

버지니아 공과대학의 연구팀이 생후 2개월부터 16세까지의 남녀를 대상으로 실시한 조사에 따르면 남자와 여자는 뇌의 발달순서와 속도가 다르다. 여자아이는 남자아이에 비해 언어나 소근육 운동 등이 6년 정도 빠른 반면, 남자아이는 여자아이에 비해 목표적중이나 공간기억과 관련된 부위가 4년 정도 빨랐다.

그런데 문제는 아들을 키우는 대부분의 어른이 여성이라는 것이며, 현재의 교육제도 또한 여아의 발달순서에 더 적합하다는 데 있다. 그래서 남자아이의 성장과정에는 남자의 특성을 고스란히 경험한 아버지와의 대화가 꼭 필요하다.

그렇다면 여자아이에게는 아버지의 어떤 점이 필요한 것일까?

하버드 대학교의 아동심리학 교수이자 '알파걸'이라는 신조어를 만들어낸 댄 킨들런은 알파걸 현상에서 '아버지 요인'에 주목했다. 알파걸 4명 중 3명은 아버지와 좋은 관계를 유지하며 많은 대화를 나눈다고 답했던 것이다. 또한, 전통적으로 남성들이 강점을 보이는 수학, 과학, 컴퓨터, 운동 분야에서 취미를 키워주고 사회생활에 관한 얘기를 자주 나누는 아버지 밑에서 자란 딸일수록 리더십을 발휘할 기회가 많았다.

여성들은 리더가 되기 위해 꼭 필요한 언어지능, 인간친화지능, 자기이해지능은 높지만, 상대적으로 도전정신, 추진력, 끈기 등은 부족한 편이다. 아버지는 그것을 보완해주는 데 가장 적합한 사람이다.

최선의 대화법은
최선을 다해
들어주는 것이다

2장

아이와 대화하기,
왜
어려울까?

내 비장의 무기는 아직 손 안에 있다.
그것은 희망이다.
· 나폴레옹 ·

아이의
감정을
못 읽겠어요

문제아 뒤에는 문제 부모가 있다고들 한다. 문제아까지는 아니더라도 아이와 매끄러운 대화가 이루어지지 않는다면 일차적으로 부모 자신을 돌아볼 필요가 있다. 물론 대부분의 부모는 최선을 다해 자녀를 키우고 있다고 생각할 것이다. 하지만 부모가 자신을 돌아보고 스스로 문제점을 보완해 나간다면 최선의 부모를 넘어 최고의 부모가 될 수 있지 않을까? 팥 심은 데 팥 나는 자연의 섭리를 들먹이지 않더라도 좋은 부모 밑에서 좋은 자녀가 자라는 것은 당연한 이치일 것이다.

나는 동화를 쓰기 시작하면서 아이와 그 부모를 유심히 관찰하는 버릇이 생겼다. 관찰을 하다 보면 언제 보아도 생기가 없는 아이들이 있다. 그 아이들은 얼굴에 기쁨, 두려움, 절망, 행복 같은 감정을 잘 드러내지 않는다. 그러다가 별일 아닌 일에도 발끈하는 과민반응을 보인다.

이런 아이들의 부모는 대개 세 부류로 나뉜다. 첫 번째는 부모가 감정에 지나치게 무딘 경우, 두 번째는 부모의 감정변화가 지극히 심한 경우, 그리고 세 번째는 독선적인 부모이다.

부 모 의 감 성 지 수 부 터 높 여 라

첫 번째 부류인 무감각한 부모들은 사람을 만나도 언제나 무표정하고, 인사를 해도 고개만 까딱하고 마는 사람들이다. 그들은 주변사람들과도 거의 어울리지 않는다. 그리고 자신의 감정을 표현하는 거의 유일한 방법이 '화(분노)'인 경우가 많다.

두 번째 부류인 감정변화가 지극히 심한 부모들은 자기 감정변화에 취해서 다른 사람의 기분 따위에는 관심이 없다. 이런 부모들은 자녀를 대할 때도 그때그때 자기 기분에 따라 대하는 경향이 있다.

두 경우 모두 아이의 감정을 제대로 읽을 수 없는 부모에 속한다. 아이들의 감정과 정서는 주로 부모와의 애착관계에서 형성된다. 전문가들은 보통 여덟 살 이전에 인지, 정서, 사회성을 포함하는 인성의 80퍼센트가 형성된다고 말한다. 물론 이 시기에 아이에게 가장 큰 영향을 미치는 사람은 말할 것도 없이 부모이다.

감정적인 반응이 지나치게 적거나, 반대로 감정기복이 심한 부모 밑에서 성장한 아이들은 자신의 감정을 다스리는 법을 배우기 어렵다. 그래서 표정 변화가 거의 없고, 다른 사람의 감정에 무감각하며, 심한 경우 공격적인 성격이 되기도 한다. 부모의 감성지수를 높여야 하는 이유가 여기에 있다.

이런 부모들은 자신의 감정을 먼저 읽어야 한다. 감정은 뇌의 운동이라고 하는데, 감정을 잘 느끼고 반응할 때 적절한 감정처리도 가능해진다. 전문가들은 매일 느끼는 감정을 구별해 행복, 기쁨, 슬픔, 사랑, 억울함, 두려움 등으로 이름을 붙여보라고 권한다. 감정이 솟아날 때마다 기록을 하다 보면 자신의 감정을 잘 다스릴 수 있게 되고 타인, 특히 사랑하는 내 아이의 감정까지 읽을 수 있게 된다.

자기 감정 읽기와 함께 아이의 기분 살피기를 병행하는 것도 좋다. 여러 감정에 아이가 어떤 반응을 보이는지 알게 되면 거기에 맞춰 대화의 실마리도 쉽게 풀어갈 수 있기 때문이다.

독선적인 부모가 아이의 화를 키운다

독선적인 사람은 이 세상을 자신에게 유리하게 해석하는 경향이 있는데, 이것은 자녀교육에서도 마찬가지다. 그들은 대화가 필요한 상황에서도 대화를 기피하고 자녀의 감정을 억압하는 방향으로 관계를 진행시킨다.

우는 아이에게 "뚝 그치지 못해!"라고 소리를 지르고, 심적 고통을 호소하는 아이에게 "네가 어린애야?", "남자는 평생에 딱 세 번 울어야 하는 거야"

라고 호통을 친다. 떼를 쓰는 아이에게는 "너 계속 이러면 혼난다"라고 겁을 준다. 이렇게 억압된 아이의 감정은 마음속 어디엔가 숨어있다가 '화'나 '공격성'의 형태로 폭발되어 나타난다.

'하얀 북극곰' 실험이 그 한 예이다. 이 실험에서 자유 그룹은 하얀 북극곰에 대해 자유롭게 생각하도록 하고, 억제 그룹은 하얀 북극곰과 관련해 아무 생각도 못하게 했다. 실험이 끝난 후 설문 작성에서 자유 그룹은 하얀 북극곰에 대해 거의 언급하지 않은 반면, 억제 그룹은 하얀 북극곰을 지나치게 많이 언급한 것으로 나타났다. 억제하려는 정보는 억제할수록 커지고, 오히려 표현을 할 때 억제된다는 것을 말해주는 실험 결과이다.

감정은 억압한다고 사라지는 것이 아니다. 억누를수록 오히려 가슴 밑바닥에서 부글부글 끓고 있는 용암이 되기 쉽다. 더구나 감정의 여러 가지 결을 제대로 느껴보지 못한 아이들은 슬픈 일에도, 무안한 일에도, 억울한 일에도 '화'를 내는 식으로 감정을 표출하게 된다. 우리 사회가 점점 더 폭력적이고 파괴적이 되어가는 것도 독선적인 부모들의 영향이 있지 않은지 돌아볼 일이다.

아이의 눈높이에 맞춰 대화하라

부모가 자녀의 감정을 잘 읽지 못하거나 무시하는 경우 외에도 자녀가 사춘기로 접어들면 감정을 읽어내는 게 어려워진다.

요즘은 초등학교 고학년에 사춘기가 시작된다. 자신이 직접 사춘기를 경험했고, 사춘기를 겪는 연령이 점점 낮아지고 있다는 사실을 이미 알고 있는 부모라 해도 초등학교에 다니는 아이의 사춘기를 감당하는 게 녹록치가 않다.

"우리 집 딸은 표정이 딱 두 가지예요. 무표정하거나 짜증을 내거나. 아무리 요즘 사춘기가 일찍 시작된다지만, 초등학교 5학년밖에 안 된 애가 뭘 물어도 짜증, 밥 먹어라 해도 짜증, 숙제했니 물어도 짜증! 그런 짜증을 받아주고 있다 보면 정말 속에서 천불이 난다니까요."

아이가 왜 그렇게 짜증을 내는지 한 번 물어보라고 했더니 "물어봤죠. 그랬더니 짜증만 더 내던걸요!"라며 하소연을 이어간다.

이렇게 말하는 부모들은 이미 자녀와의 관계에 금이 갔다고 볼 수 있다. 여태껏 자녀의 기분을 살피지 않고 명령과 강요에만 의존해오다가 자녀가 사춘기에 접어들면서 통제불능 상태에 빠져든 것이다.

이럴 때는 우선 그동안 부모 자신이 독선적이지 않았는지, 아이의 감정을 제대로 읽어주지 못했던 것은 아닌지 돌아봐야 한다. 아이와의 거리 좁히기는 그 다음에 풀 문제이다.

부모가 가진 문제를 깨닫고 자녀와의 대화를 시도할 때 가장 좋은 방법은 자녀의 눈높이에 맞는 소재를 중심으로 질문을 하는 것이다. 다시 한 번 강조하지만 자녀의 눈높이에 맞는 질문이어야 한다. 자녀의 대화에 이미 틈이 생겨 있는 상황에서는 학습문제나 생활습관 체크 같은 예민한 문제는 꺼내지 않는 것이 현명하다.

"연예인 A군과 B양이 연애한다며? 두 사람이 잘 어울린다고 생각하니? 엄마는 A군이 아깝다는 생각이 드는데."

"어제 그 드라마 뒷부분 못 봤는데, 어떻게 됐니?"

이렇게 가벼운 주제로 질문을 던지면 '우리 부모님도 이런 데 관심이 있구나' 하는 동질감을 느끼게 된다. 사춘기 자녀에게 동류의식을 느끼게 하는 것만큼 좋은 대화법은 없다.

"저도 그런 질문은 다 던져봤죠. 그래봐야 그때뿐이던걸요. 그 얘기 끝나고 나면 다시 무표정으로 돌아간다니까요."

이런 부모가 있다면 '열 번 찍어 안 넘어가는 나무가 없다'는 말을 해주고 싶다. 열 번 찍어서도 안 되면 스무 번, 스무 번으로도 안 되면 백 번이라도 찍어라. 나와 아이의 평생 관계가 걸린 일이라고 생각한다면 까짓 백 번이 문제겠는가!

제가
원래 말수가
적어요

평소 말수가 적은 부모라면 아이와의 대화가 부담스러울 수밖에 없다. 대화를 위한 이런저런 책을 읽다 보면 '나는 이렇게 할 자신이 없는데, 말수가 적은 나는 어떻게 하면 좋을까?' 하는 생각이 들 수 있다.

하지만 나는 자녀와의 대화에서 말수는 크게 상관없다고 생각한다. 오히려 말수가 너무 많아 잔소리가 되는 것보다 나을 수 있다.

'연극은 가죽과 속살 사이에 있다'라는 말이 있다. 몸짓언어의 중요성을 잘 보여주는 말이다. 의사소통에서 말이 차지하는 비중은 단 7퍼센트, 몸짓언어가 차지하는 비중은 무려 55퍼센트, 목소리의 크기, 밝기 등을 통한 의사언어는 38퍼센트라고 한다. 몸짓언어가 말보다 우선한다는 뇌연구 결과도 있다.

열 마디 말보다 한 번의 따뜻한 포옹, 신뢰에 찬 표정과 눈빛 등이 오히려 자녀들의 성장에 더 이롭다. 말수가 적다는 것이 자녀와의 대화에 하등 문제 될 게 없다는 얘기이다. 대화에 능한 부모는 수다쟁이가 아니라 자녀의 마음을 읽는 데 능한 사람이다.

최 선 을 다 해 들 어 주 면 된 다

부모들은 아이와의 대화를 가르치는 수단으로 생각하는 경향이 있다. 그래서 자녀와 대화를 나눌 때 무엇이 문제이고, 그 문제에 대한 정답이 무엇인지 제시하려고 든다. 하지만 이런 생각은 자녀와의 대화를 가로막는 벽이 될수 있다. 자녀가 어릴 때는 이런 대화법이 통할지 몰라도 성장할수록 자녀가 입을 닫게 하는 요소로 작용한다. 시쳇말로 머리가 굵어질 대로 굵어진 아이들에게는 부모의 훈육이 잔소리로 들리기 십상이다. 부모가 말을 할 때마다 귀를 닫아버리는 아이와 대화를 시작해서는 '버럭' 소리 지르는 결말 외에 다른 결말을 기대할 수가 없다.

이럴 때는 차라리 가만히 들어주는 것이 최선의 대화법이다. 귀만 열고 있으라는 이야기가 아니다. 마음을 닫고 있으면 자신도 모르는 사이에 몸짓언어를 통해 자녀에게 전달되고 아이들은 입을 닫게 된다.

온 마음을 다해 온몸의 신경을 집중해서 아이의 말을 들어라. '엄마는(아빠는) 언제나 네 편'임을 알려주는 최선의 방법이 될 것이다.

말을 많이 할 필요는 없다

부모의 말수가 적어서 걱정이라면 함께 대화를 나눌 수 있는 매개물을 찾는 것도 방법이다. 아무리 말수가 적은 사람이라도 자신과 비슷한 취미를 가졌거나 비슷한 관심을 가진 사람과는 평소보다 더 많은 이야기를 나누게 되어 있다.

독서의 중요성이 날로 강조되고 있는 만큼 책을 매개물로 사용하는 것도 좋다. 아이와 함께 그림책을 볼 때 대부분은 엄마가 읽거나 설명하고, 아이는 가만히 앉아서 듣는 식이다. 이것을 역으로 이용하자. 엄마가 설명하는 것이 아니라 아이에게 설명하도록 하는 것이다. 그런 다음 엄마 생각을 간단하게 덧붙여주면 된다. 이런 교육방식은 엄마는 말을 많이 해야 한다는 부담감을 덜 수 있어서 좋고, 아이는 아이대로 표현력이 길러져서 좋다. 책을 읽어줄 때는 보통 무릎에 앉히게 되는데, 그러면 스킨십의 효과까지 더해져 친밀함과 따뜻함, 정서적인 안정감까지 함께 전해줄 수 있다.

책 이외에도 컴퓨터게임, 텔레비전 프로그램, 마블게임 등도 잘만 활용하면 자녀와 대화를 나눌 수 있는 좋은 매개물이 될 수 있다.

어느새
나 혼자
떠들고 있어요

 주위 엄마들과 이야기를 나누다 보면, 아이와 이야기할 때 어느 순간 일방적으로 혼자 떠들고 있는 자신을 발견할 때가 많다고 말한다.

"아이가 말을 하지 않으니까 얼마나 속이 터지는지, 처음에는 '좋게 말해야지' 생각하고 이야기를 시작했다가도 결국 꽥 하고 소리를 지르게 된다니까요."

부모에게는 아무런 문제가 없는데 아이들이 말을 하지 않아서 사태가 악화된다는 이야기인데, 과연 그럴까?

아이는 왜 말을 하지 않게 되었을까?

미국의 임상심리학자 고든은 부모와 자녀 관계를 개선하는 지름길은 아이가 아니라 부모가 변화하는 데 있다고 말했다. 대화에서도 마찬가지인데, 아이가 말을 안 하려고 드는 이유는 아이의 성격 탓이 아니라 부모의 잘못된 대화습관이 원인인 경우가 많다고 한다. 일상생활에서 부모의 잘못된 말투, 일관성 없는 가르침, 잘못된 생활태도가 아이들의 말문을 막는다는 것이다.

"엄마는 저와 이야기할 때 잔소리밖에 안 해요. 그래서 말하기 싫어요."

"아빠는 텔레비전을 끼고 살면서 저는 못 보게 해요. 텔레비전 소리는 또 어찌나 큰지, 제 방에서도 다 들려요. 그러면 공부는 공부대로 안 되고, 속은 속대로 부글부글 끓어요."

"엄마는 매번 자기 기분에 따라 이랬다저랬다 해요. 지난번에는 인생에서 친구들이 제일 큰 자산이라고 이야기해놓고는 이번에는 친구들 때문에 공부할 시간 뺏긴다고 야단이잖아요."

"아빠가 이야기 좀 하자고 할 때는 입을 닫고 있는 게 최선이에요. 대답해봐야 말만 길어지고 귀찮기만 하거든요."

"결국은 부모님들 뜻대로 하게 할 거면서 제 의견은 왜 묻는지 모르겠어요. 그냥 '예, 예' 하며 듣는 척하다가 나중에 내 생각대로 하는 게 나아요."

자녀에게 이런 생각을 심어놓았다면 대화는 불가능하다. "기가 막혀서 말이 안 나오네"라고 말할 때가 있다. 아이들도 그렇다. 솔직하게 대놓고 그렇게 말하지 못할 뿐이지, 기가 막혀서 부모와 말을 섞기 싫다고 생각하는 아이들이 많다는 것을 알아야 한다.

아이의 관심사를 찾아라

일방적으로 혼자 떠들지 않기 위해서는 질문을 '제대로' 하는 것이 중요하다. 아이가 대답을 할 수밖에 없는 질문을 하는 것이다.

'너는 과학을 좋아하니?'라는 질문에는 '예, 아니오'라는 대답 외에 다른 말을 끌어내기가 쉽지 않다. 하지만 '너는 어떤 과목을 좋아하니?'라는 질문은 '예, 아니오'가 아닌 의견이나 설명을 덧붙여야 한다.

이처럼 '예, 아니오'로만 대답이 가능한 질문을 '닫힌 질문'이라 하고, 의견이나 설명을 덧붙여 대답을 해야 하는 질문을 '열린 질문'이라 한다.

"너는 요즘 어떤 게임에 관심이 많니?", "너는 왜 이 드라마가 좋니?", "이번 시험에서 90점을 넘고 싶다고 했지? 그럼 어떻게 공부해야 할까?"처럼 아이의 의견과 생각을 물을 수 있도록 질문방식을 바꿔보자. 질문 하나만 잘해도 대화의 물꼬를 틀 수 있다.

하지만 아무리 '열린 질문'을 해도 뒤따르는 아이의 대답이 시큰둥할 때가 있다. 이때는 질문이 부모의 관심사인지, 자녀의 관심사인지 생각해볼 필요가 있다.

누구나 자신이 관심 있어 하는 분야에 대해 할 말이 많은 법이다. 친구문제로 한창 고민하고 있는 아이에게 "네가 좋아하는 가수는 누구니?"라고 물어봐야 별 신통한 대답은 나오지 않을 것이다. 열린 질문도 중요하지만, 아이에게 관심을 갖고 아이의 고민과 심적 변화를 세심하게 관찰하는 '열린 부모'가 먼저라는 것을 잊어서는 안 된다.

나도 모르게
잔소리를
하게 돼요

 대화와 잔소리는 종이 한 장 차이라고들 한다. 대화에서 한 발만 더 나가도 잔소리가 되기 때문이다. 그래서 처음에는 좋은 말로 시작했다가도 결국 잔소리가 되는 경우가 많다.

말이 말을 낳는 함정을 피하라

말은 이상한 마력을 가지고 있다. 뱉고 나면 공중으로 흩어져버리는 것 같지만 절대로 그렇지 않다. 말은 가끔 함정을 만든다. 때로 말이 말을 낳고,

말이 말을 이끌며, 말이 우리의 감정까지 좌지우지하기도 한다. 처음에는 '마음을 차분히 가라앉히고 아이와 대화를 나눠야지'라고 생각했다가도, 어느새 잔소리로 변해버리는 것이 바로 말의 함정 때문이다.

말을 하다 보니 점점 더 화가 나고, 점점 더 말이 독해지는 경험은 누구나 있을 것이다. 한참 말을 하다 보면 아이 잘못 때문이 아니라 내가 내 말에 취해서 감정을 주체하지 못하게 될 때가 있다. 그걸 깨닫는 순간 나는 바로 입을 다문다. 말하는 도중이어도 상관없다. 그러면서 천천히 호흡을 가다듬고, 바로 "미안해"라고 딸에게 사과한다.

"엄마가 말을 하다 보니까, 엄마 감정에 너무 휩쓸렸어. 듣고 있기 힘들었지? 정말 미안해."

그러면 아이는 배시시 웃으며 나를 꼭 껴안는다.

"아니야, 엄마. 내가 먼저 잘못한걸. 내가 미안해."

어느새 훌쩍 자란 딸은 이렇게 나의 잘못을 감싸주기까지 한다.

잔소리의 효과는 제로

잔소리를 왜 하게 될까?

자식을 꾸짖는 이유는 잘못된 행동을 반성하도록 하기 위해서이다. 그런데 오히려 아이가 자기 자신을 부정하게 만드는 잔소리라면 하지 않는 것만 못하다.

"엄마는 잔소리하는 게 좋은 줄 아니? 이게 다 너 잘되라고 하는 소리야."

"이렇게 잔소리라도 해주는 부모가 있다는 게 얼마나 고마운 일인 줄 아니? 관심이 없으면 잔소리도 안 해."

부모들이 잔소리 뒤에 꼭 하는 말이다. 물론 맞는 말이다. 하지만 아이들은 그렇게 받아들이지 않는다. 아이들 마음속을 들여다보면 이런 말이 울리고 있다.

'엄마는 자기 기분 나쁘면 잔소리가 심해져.'

'바쁜 건 엄마 사정이지, 내 사정이 아니잖아.'

'치, 엄마 눈엔 내가 잘못한 것만 보이지? 잘할 때도 많은데……'

이렇게 마음속으로라도 부모에게 반항한다면 오히려 낫다. 아이의 마음에 '그래 역시 난 안 돼', '난 아무것도 아니야'와 같은 자기 부정의 목소리가 메아리치고 있는 것보다는 말이다.

자식 잘되라고 하는 말도 자식이 받아들일 때 효과가 있는 법이다. 하지만 아이들이 가장 싫어하는 교육법이 잔소리라는 설문조사 결과도 있는 걸 보면 잔소리의 교육적인 효과는 거의 제로에 가깝다고 봐야 한다.

말해봐야 말하는 사람 입만 아프고, 잘해봐야 본전인 잔소리라면 해서 뭐 하겠는가? 하나마나한 소리라는 생각이 들 때는 차라리 말을 삼켜라. 내가 말을 내뱉는 순간 아이가 얼굴을 찡그릴 것 같은 말도 미련 없이 꿀꺽 삼켜라. 정말로 자녀가 잘되라고 하는 말이라면 그것을 잔소리가 아니라 대화의 형태로 바꿔야 한다.

내가 대접받고 싶은 대로 아이를 대하라

앞서 말했듯이 잔소리와 대화는 종이 한 장밖에 차이가 나지 않는다. 그 한 장의 차이를 명확하게 인식하지 못하겠다면 당신이 제일 듣기 싫은 잔소리를 떠올려보기 바란다.

결혼한 여성 10명 가운데 2~3명이 시어머니 잔소리 때문에 이혼까지 생각한 적이 있다는 조사결과가 있다. 그런 시어머니의 잔소리를 생각해보자.

"너는 도대체 살림이 이게 뭐니? 가족들 먹여 살리겠다고 뼛골 빠지게 일하는 남편 비위 하나 못 맞추니? 그래가지고 네 남편이 밖에 나가서 큰소리치면서 일할 수 있겠어? 불쌍한 내 새끼, 피골이 상접한 것만 보면 내 가슴이 무너지는데……."

또한, 직장인들이 사표를 쓰고 싶게 만드는 가장 큰 이유는 상사의 잔소리라고 한다.

"이 대리, 일을 시킨 게 언젠데 이제야 가져온 거야? 게다가 기획서도 이게 뭔가? 자네 생각해서 다 차려놓은 밥상에 숟가락이라도 놓으라고 기획서를 써보라고 한 건데, 이렇게밖에 못하나? 후배들 보기 부끄럽지 않나?"

이런 시어머니와 직장 상사의 잔소리를 대화로 바꾸면 어떻게 될까?

"빠듯한 벌이로 살림하느라 너도 힘들지? 나도 살림하면서 산 여잔데 그걸 왜 모르겠니? 그렇더라도 네가 조금만 더 노력해주렴. 어느 광고에서 그러더구나. 남편은 여자하기 나름이라고. 알뜰살뜰 살면서 애들 챙기고 신랑 위하고 살다 보면 분명 옛날 이야기하면서 살 날이 올 거다."

"이 대리, 요즘 일이 많아서 좀 바빴지? 거기다 기획서까지 쓰느라 고생

많이 했어. 그런데 내 생각에는 신제품 개발방향을 조금 더 보완했으면 좋겠더라고. 고객의 마음을 확 끌어당길 수 있는 포인트가 조금 약한 것 같거든. 자네가 한 번 더 수고해주겠어?"

어느 쪽이 듣기 좋은가? 어느 쪽이 기분이 덜 나쁘겠는가? 어느 쪽이 상대의 마음을 열게 만들겠는가?

'남에게 대접받고자 하는 대로 너희도 남을 대접하라.'

이것은 모든 인간관계의 황금률이다. 부모 자식 사이에서도 마찬가지다. '내가 만약 이 말을 듣는다면 기분이 좋을까, 나쁠까'를 기준으로 판단해보면 잔소리와 대화의 차이를 명확하게 알게 될 것이다.

잔소리의 2단계법

아무리 아이를 존중하고 칭찬하면서 키우고 싶어도 잔소리를 할 수밖에 없는 상황은 있기 마련이다. 그럴 때는 잔소리의 2단계법을 사용하자.

첫 번째 단계는 잔소리를 하되 최대한 짧게 하는 것이다. 보통 부모들은 아이가 알아듣지 못했을까 봐 재차 삼차 반복해서 말하고 장황하게 설명한다.

"텔레비전 좀 그만 봐라. 그래서 뭐가 될래? 옆집 하영이는 엄마가 잔소리 한 번 안 해도 알아서 척척 공부한다고 하던데. 넌 도대체 왜 그 모양이니?"

여기서 엄마가 말하는 핵심은 무엇일까? 텔레비전을 그만 보라는 걸까, 아니면 공부를 하라는 걸까? 물론 텔레비전을 그만 보는 것과 공부하는 것, 둘 다 핵심일 수 있다. 하지만 아이들은 그런 엄마의 속뜻까지 파악하지 못한다.

그래서 아이가 엄마의 잔소리를 받아들이는 척하면서 텔레비전을 끄고 만화책을 집어 들면 다시 잔소리가 시작된다.

"왜 또 만화책이야? 공부하랬잖아, 공부! 도대체 몇 번을 말해야 알아듣니? 그러니까 매일 선생님께 혼나지."

결국 공부하라는 한마디면 될 것이었다. 그런데 핵심도 명확치 않은 잔소리 때문에 엄마도 지치고 아이도 상처받고 말았다. 잔소리는 짧게, 칭찬은 길게 하는 것이 아이의 행동 변화와 자기 긍정을 불러오는 포인트임을 유념하기 바란다.

두 번째 단계는 잔소리를 하더라도 '엄마는 네 편'이라는 사실을 전달하는 것이다. '네 편'임을 알리는 방법에는 여러 가지가 있다.

가장 초보적인 방법은 잔소리 끝에 아이의 인격을 모욕하는 말을 덧붙이지 않는 것이다. 행동을 인격과 동일시해서 몰아가면 어른이고 아이고 방어적인 태도를 취하게 된다. 그래서 자신이 틀렸다는 것을 알면서도 끝까지 고집을 피우게 되는 것이다.

이보다 더 좋은 방법은 행동은 옳지 않았지만 엄마는 여전히 너를 사랑하고 있다는 것을 알려주는 것이다. 텔레비전을 보고 있던 아이가 엄마의 공부하라는 말에 텔레비전을 껐다면 "우리 아들, 정말 예쁘네" 하면서 안아줘도 되고, "텔레비전 더 보고 싶었을 텐데, 우리 딸 셀프 컨트롤self-control 능력이 놀라운걸!" 이렇게 말해줘도 좋다.

이렇게 몇 번만 시도해보자. 부모가 기대하는 것 이상으로 아이의 행동에 놀라운 변화가 일어날 것이다.

말을 안 들으면
참을 수가
없어요

부모도 인간이다. 말을 해서 안 들으면 화가 치미는 건 어쩔 수 없는 일이다. 자식 일에서는 화가 더 나면 더 났지, 덜하지 않다. '내가 저를 어떻게 키웠는데' 하는 섭섭함과, '저러다 잘못된 길로 들어서면 어쩌나?' 하는 걱정, '아이 인생의 승패가 곧 내 인생의 승패'라는 잘못된 인식까지 더해지기 때문이다.

그런데 자신감이 없는 사람일수록 화를 잘 낸다는 연구결과가 있다.

미국의 서던캘리포니아 대학교의 너새니얼 패스트 교수와 캘리포니아 대학교의 세레나 첸 교수가 '권력과 화를 잘 내는 기질' 사이의 관계를 알아보는 심리실험을 진행하였다. 실험 결과, 힘은 있지만 스스로 무능하다고 생각하는 사람들이 화를 가장 잘 냈고, 반대로 권력이 있고 스스로 유능하다고 생각하는 사람들이 화를 가장 적게 냈다. 이 연구는 사람들이 화를 내는 이유는 자신감에 상처를 입었기 때문이라고 결론을 내렸다.

부모가 화를 내는 이유도 마찬가지가 아닐까? 부모와 자식 간의 관계를 상하관계 혹은 주종관계로 보는 의식이 부모의 화를 지나치게 돋우고 있는 것은 아닌지 생각해볼 일이다.

30초만 참아라

고래고래 소리부터 지르고, 언제 터질지 모르는 시한폭탄 같은 부모를 편안한 마음으로 대할 아이는 없다. 이처럼 성마른 부모 밑에서 자라는 아이들은 상처를 입지 않기 위해 스스로 보호막을 마련한다. 부모 앞에서 입을 닫는 것이 그중 하나이다.

'고분고분하지 않는 아이를 보면 참을 수 없다'는 자신의 문제를 깨달았다면 그 다음은 '멈춤 능력'을 강화해야 한다. 분노 폭발은 대부분 30초 안에 이루어진다. 따라서 이 30초만 잘 넘기면 자녀 앞에서 화를 폭발시키지 않을 수도 있다.

화가 치밀어오를 때 내가 주로 사용하는 방법은 '거리 두기'이다. 아이를 키우다 보면 정말로 화가 머리끝까지 치밀어오를 때가 있다. 입을 여는 순간 독설을 내뱉을 것만 같을 때 나는 이를 악물고 아이에게 "엄마 지금 화가 많이 나서 그러는데 혼자 있고 싶어"라고 말한다. 그리고 내가 방으로 들어간다. 이렇게 30초만 시간을 벌고 나면 아이에게 '화'를 내는 대신 '대화'를 시작할 수 있게 된다.

엄마가 몹시 화가 난 상태라는 것을 아이도 알고 있기 때문에 어차피 편안한 분위기의 대화가 이뤄지지는 않지만, 그래도 최소한 아이 앞에서 화를 폭발시키는 일은 피할 수 있다. 그런 다음에 엄마가 왜 화가 났는지 그 이유를 설명하는데, 이때 1분을 넘기지 않도록 조심한다. 이야기가 길어지면 잔소리가 되기 때문이다.

그리고 마지막에 아이를 꼭 안아준다. 화가 난 이유는 '네가 올바른 사람으로 자랐으면 하는 바람' 때문이지 미워서가 아니라는 것을 아이에게 알려주기 위해서이다.

아이를 소유물로 생각하지 마라

자녀와 갈등이 발생했을 때 당신은 어떻게 하는가?

경기도여성능력개발센터의 '경기여성정보웹진 우리'가 실시한 조사에 따르면 부모 10명 가운데 7명은 화를 내거나 대화를 포기한다고 한다. 부모의 34.2퍼센트는 화를 내거나 짜증을 내서 표출하고, 33.5퍼센트는 대화를 포기해버린다는 것이다. 반면에 '갈등을 진정시킬 방법을 생각한다'는 부모는 26.6퍼센트에 불과했다.

자녀와의 갈등에서 부모가 화를 내고 짜증을 참지 못하는 이유는 무엇일까? 그것은 아이를 부모의 소유물로 생각하는 탓이 크다. 자녀가 부모의 소유물이 아니라는 말은 수도 없이 들어왔을 것이다. 그런데 대부분의 부모들이 머리로는 이해하면서도 가슴으로 이해하지 못한다. 문제는 여기에서 출발한다. 누구도 나와 같을 수 없다. 내가 낳은 자식도 마찬가지다.

"부모는 자식의 소유주가 아니요, 자식은 부모의 소유물이 못 되는 것이 시대적 요구이다."

윤봉길 의사가 생전에 아들에게 보냈던 편지에 쓰여 있던 구절이다. 신체발부 수지부모(身體髮膚 受之父母) 의식이 지금보다 더 뿌리 깊었던 80여 년 전의 발언인데, 그렇게 보면 오히려 요즘 부모들의 의식이 너무 시대에 뒤떨어진 게 아닐까 싶다.

부모의 화는 '너는 나빠'라는 메시지

'참을 인' 자 세 개면 살인도 면한다는 말이 있다. '참을 인' 자 세 개면 아이의 인생이 달라진다는 말 또한 참이다.

부모의 화가 자녀의 정서와 대인관계, 학업 등 다양한 면에 심각한 영향을 미친다는 연구결과가 속속 보고되고 있다. 폭력적인 환경에서 성장한 사람은 늘 남의 눈치를 살피거나 위축되어 있으며, 기억과 학습에 필수적인 해마가 스트레스 호르몬에 의해 망가져 그 기능을 제대로 발휘하지 못한다고 한다. 게다가 화를 심하게 내지 않는 부모의 아이들은 단 5퍼센트만이 비행을 저지르는 데 반해, 한 달에 세 번 이상 체벌을 가한 부모의 아이들은 25퍼센트가 비행을 저질렀다는 연구결과도 있다. 부모가 화를 내면 '너는 나빠'라는 메시지를 끊임없이 전달하기 때문에 자아정체성을 확립하는 데도 치명적일 수밖에 없다.

부모들이 화를 내는 이유는 아이가 교훈을 얻고 바르게 자라기를 바라기 때문이다. 당신 역시 정말로 아이를 위해 화를 냈던 것이라면 앞으로는 '참을 인' 자 세 개면 아이의 인생이 달라진다는 말을 되새기도록 하자.

칭찬을 잘하면
마법의
주문이 된다

3장

대화를 잘하면 학습능력이 높아진다

엉터리로 배운 사람은
아무것도 모르는 사람보다 더 어리석다.
· 벤저민 프랭클린 ·

긍정적인 대화는
기억력을
높인다

 제프리 이멜트는 많은 사람들의 우려 속에서 제너럴 일렉트릭^{GE} 사의 제9대 CEO로 취임했다. '경영의 달인'이라 불리는 잭 웰치의 후임인 데다가 당시는 9.11테러, 엔론의 회계부정사건, 미국 경제의 침체 등 이른바 퍼펙트 스톰 때문에 주가까지 하락한 시점이었다. 그럼에도 불구하고 이멜트는 시장의 우려 섞인 시선을 불식시키고 GE의 구조를 미래성장 산업중심으로 바꿔나갔고 성공한 CEO로 자리매김했다.

많은 사람들이 이멜트의 성공에는 '창의성 경제$^{Creativity\ Economy}$' 전략이 있었다고 말한다. '상상을 현실로 만드는 힘$^{Imagination\ at\ work}$'이라는 새로운 GE

브랜드 캠페인과 '혁신=상상 Innovation=Imagination'이라는 슬로건, 상상력 돌파 IB. Imagination Breakthrough 프로그램 등 창조와 창의성을 강조하는 제프리 이멜트만의 전략이 시장에서 크게 성공했다는 것이다.

지금은 창의력이 경쟁력의 중심이 되는 시대이다. 따라서 이 시대의 진정한 인재가 되려면 상상력과 사고력이 뛰어난 사람이 되어야 한다.

기 분 좋 은 대 화 가 두 뇌 에 미 치 는 영 향

일본의 유명한 뇌과학자인 모기 겐이치로 교수는 보통 사람들이 창의력을 마음껏 발산할 수 있는 방법으로 '창조성의 비밀'을 소개했다. 그 가운데 하나가 '대화'이다. 대화는 가장 일상적이면서 가장 창조적인 두뇌활동이라는 것이다. 태담 태교의 효과에 대해서는 다들 잘 알고 있을 것이다. 인간이 가진 뇌 세포의 80퍼센트가 엄마 뱃속에 있을 때 형성되는데, 태담은 뇌세포를 자극하는 가장 효과적인 방법으로 알려져 있다. 이러한 대화의 효과는 뱃속에 있을 때에만 한정되는 것이 아니다. 인간의 뇌 세포는 30세까지 꾸준히 발달하고 성장하기 때문이다. 부모와 나누는 대화는 아이의 정서 발달과 뇌 발달, 그리고 창의력 발달에 더 없이 중요할 수밖에 없다.

대화의 내용과 아이의 감정상태도 중요하다. 가령, 기분이 좋을 때와 기분이 나쁠 때 중에서 어느 쪽이 공부가 더 잘될까? 이것은 사실 물어볼 것도 없는 질문이다. 기분이 나쁠 때는 공부뿐 아니라 다른 어떤 것도 손에 잡히지 않는다는 것을 우리는 이미 경험으로 알고 있으며, 심리학과 뇌과학에서도 증명된 사실이다.

심리학자 게르트뤼는 실험 대상자들을 기분 상태에 따라 명랑한 그룹과 우울한 그룹으로 나누어서 자연과학 분야의 책을 읽게 하는 실험을 진행했다. 실험 결과, 내용을 그대로 옮기는 실험에서는 두 그룹의 차이가 보이지 않았지만 그 내용을 응용해서 문제를 푸는 실험에서는 명랑한 그룹이 우울한 그룹에 비해 점수가 높았다. 기분이 명랑한 상태일 때 뇌의 시냅스에서 신경전달물질의 분비가 활발하게 이루어지기 때문이다.

또한, 뇌가 정보처리를 하는 과정에서 사고를 담당하는 대뇌피질과 감정을 느끼는 변연계는 서로 영향을 주고받고, 뇌에서 기억을 관장하는 핵심 부위인 해마는 스트레스 호르몬에 취약하며, 정신을 맑게 해주는 신경세포인 망상활성계 역시 우리의 기분에 영향을 받는 등 감정과 기억은 우리 뇌 속에서 같은 회로를 사용하고 있다.

자녀가 공부를 잘하기 바란다면 아이가 긍정적인 감정상태일 때 두뇌 효율이 최고치에 달한다는 것을 기억하자. 그렇다면 말할 것도 없이 잔소리와 우울한 대화를 피하고 칭찬과 명랑한 대화를 나눠서 아이의 뇌 활동을 도와주어야 할 것이다.

아이들의 솔직한 감정표현에 관대하지 않은 부모들이 많다. 그들은 "어른 앞에서 버릇없이!", "남자는 자기감정을 숨길 줄 알아야 돼" 등의 말로 아이들의 감정을 억제시킨다. 그런데 감정을 숨기는 일은 기억력 향상에 도움이 되지 않는다.

스탠퍼드 대학교의 제임스 그로스와 텍사스 대학교의 제인 리처드는 실험대상자 57명에게 영화를 보게 했다. 그 결과, 영화 내용에 대한 감정 반응

을 숨기려고 했던 사람은 영화 내용을 제대로 기억하지 못하는 것으로 나타
났다. 또 실험대상자 175명을 대상으로 절반은 영화를 보면서 얼굴 표정에
나타나는 감정을 억누르게 하고, 나머지는 다른 생각을 하도록 했는데, 양쪽
모두 영화 내용을 기억하는 데 비슷한 어려움을 겪었다.

하고 싶은 말을 억지로 참아야 하는 상황이나 자기 기분을 억눌러야 하는
상황에서는 집중력과 기억력이 떨어진다는 것을 보여주는 연구결과이다.

자기이해 지능을 높이는 대화란?

모든 엄마들이 부러워하는 엄친딸 김연아, 아이들의 장래희망목록에 유엔
사무총장을 올려놓은 반기문, 그리고 전 세계의 부를 한 손에 거머쥐고 있는
빌 게이츠 등 소위 성공한 사람들의 공통점은 무엇일까? 바로 자기이해 지능
이 높다는 점이다.

하버드 대학교의 하워드 가드너 교수는 종래의 IQ 개념을 뛰어넘는 새로
운 개념의 8가지 다중지능 이론을 확립했는데, 자기이해 지능은 그 가운데
하나이다.

가드너가 주장하는 8가지 지능은 언어 지능, 논리수학 지능, 공간 지능, 신
체운동 지능, 음악 지능, 인간친화 지능, 자기이해 지능, 자연친화 지능이다.
이 가운데서 강점을 보이는 몇몇 분야의 지능이 결합될 때 최대의 능력이 발
휘되는데, 특히 성공한 사람들이 공통적으로 갖고 있는 지능이 바로 자기이
해 지능이다.

자기이해 지능이란 자기 자신을 이해하고 느낄 수 있는 인지적 능력을 가리킨다. 다시 말해서 자신의 감정과 행동, 삶의 목표 등을 정확히 알고 스스로를 적절하게 제어할 줄 아는 지능으로, 자존감과 직결된다. 이러한 자기이해 지능이 공부는 물론이고 모든 분야의 성공과 직결될 것은 설명하지 않아도 알 것이다. 자기제어 능력, 어려운 상황을 극복하는 능력, 목표를 위해 기꺼이 현재의 고통을 이겨내는 능력이 바로 자기이해 지능에서 비롯되기 때문이다.

더구나 가드너는 이들 다중지능들이 사회문화적 경험을 통해 다양한 방식으로 발달된다고 보았는데, 그것은 양육환경과 부모의 대화기법, 자녀를 대하는 태도 등으로 자기이해 지능을 높일 수 있다는 점에서 반가운 연구결과라고 할 수 있다.

자기이해 지능은 아이의 성공적인 인생을 위해 반드시 키워줘야 하는 지능이지만 다른 지능들에 비해 인식하기 힘든 측면이 있다. 그러다 보니 부모들이 소홀하게 되는 지능이다.

자기이해 지능을 높이기 위해서는 우선 자신에 대한 존중과 긍정, 능력에 대한 이해, 명확한 목표설정 등을 할 수 있도록 도와주어야 한다.

"왜 그렇게밖에 못하니?", "네가 하는 일이 다 그렇지" 이런 말을 듣고 자란 아이와 "한번 도전해보렴", "넌 할 수 있어", "널 믿는단다"라는 말을 듣고 자란 아이 가운데 누가 더 자기이해 지능이 높겠는가?

아이의 자기이해 지능을 키워주기 위해 가장 중요한 것은 부모가 아이와 강력한 유대관계를 맺고 지지해주는 것이다. 그것이 곧 자긍심의 시작이기 때문이다.

꿈을 키우는 아이는 공부를 즐긴다

내 아이가 공부를 못해도 괜찮다고 말할 부모는 없을 것이다. "공부는 못해도 좋다. 건강하게만 자라다오!"라고 말하는 부모들도 한편으로는 자녀의 성적을 걱정한다.

자신의 학창시절을 한번 돌아보라. 진심으로 공부하고 싶어서 공부한 적이 몇 번이나 되는지! 공부가 너무 즐거웠던 사람도 있기는 할 테지만, 그런 사람들은 소수에 불과하다.

그렇게 즐겁지 않은 공부를 인내심을 발휘하면서 하고 있는데 잔소리와 꾸지람이 덤으로 얹힌다면 어떻게 될까? '세상에서 공부가 가장 싫어요'라는 말이 절로 나오지 않을까?

"뭘 하든 최고가 되거라"

아빠가 아들에게 커서 뭐가 되고 싶으냐고 물었다.

"응, 난 커서 청소부가 될 거야."

"청소부? 왜 청소부가 되고 싶어?"

"응. 엄마가 행복한 청소부라는 책을 읽으래서 읽었는데, 그 아저씨가 너무 좋아 보였거든. 나도 그런 청소부가 될 거야."

아들의 대답에 아빠는 벼락같이 화를 냈다.

"말 같지도 않은 소리! 너 청소부 되게 하려고 아빠가 이 고생을 하고 있는 줄 알아? 들어가서 공부나 해!"

그리고 화살을 돌려 엄마에게 그런 쓸데없는 책을 읽혀서 애가 엉뚱한 생각을 하는 거라고 잔소리를 했다.

또 다른 아빠와 아들이 있었다. 아들의 꿈은 작가가 되는 것이었다. 주변 사람들은 작가는 가난한 직업이라며 아들을 만류했다. 그때 아빠는 아들에게 이렇게 말했다.

"사람들은 말할 거야. 의사가 돼라, 과학자가 돼라, 변호사가 돼라. 하지만 누구의 말도 들어서는 안 돼. 네가 원하는 일을 해야지. 그게 옳아. 아빠가 하고 싶은 이야기는 뭘 하든 최고가 되라는 거야. 도둑이 되고 싶어? 좋아. 하지만 솜씨가 대단해서 모든 사람들이 인정하게 만들어야 해. 온 세상 사람들이 너를 보고 '야, 진짜 대단한 도둑이다! 어쩜 이렇게 솜씨가 대단할까?'라고 감탄하게 만들란 말이야. 그것보다 못한 것에 만족하면 안 돼. 알아들었니?"

아들에게 이렇게 말해준 아버지는 인도의 최하층 신분인 불가촉천민으로 태어났지만 결국 국제적인 경제학자가 된 나렌드라 자다브의 아버지이다.

나렌드라 자다브의 아버지는 아들에게 가장 크고 확고한 꿈을 심어주었다. 바로 어떤 사람이 되든 그 분야에서 최고가 되라는 것! 결국 그 아버지는 나렌드라 자다브를 '인도의 살아있는 영웅'으로 만들었다.

동 기 를 찾 으 면 공 부 가 즐 거 워 진 다

자녀에게 공부에 대한 동기를 부여해주고 싶다면 아이와 '꿈 그리기' 대화를 나누면 좋다. 희망찬 미래를 상상하는 일은 누구에게나 신나고 가슴 벅찬 일이다. 빨리 자라서 당장이라도 상상 속의 그 인물이 되고 싶도록 자극하기 때문이다.

뇌 과학에 따르면 "네 꿈이 무엇이냐?"는 질문은 전두엽을 자극하는 말이다. 전두엽은 이성적인 판단을 주로 담당하는 뇌 부위인데, 아이 스스로 '나의 꿈은 무엇인가?'라는 질문을 던져볼 때마다 학습에 대한 동기가 전두엽에 새겨진다고 한다.

《논어》를 보면 '알기만 하는 사람은 좋아하는 사람만 못하고, 좋아하는 사람은 즐기는 사람만 못하다'는 말이 있다. '꿈 그리기 대화'를 통해 자신의 미래를 자주 즐겨본 아이는 당장의 어려움을 극복해내는 것은 물론이고, 목표를 향해 나아가는 한 걸음 한 걸음을 즐기게 된다.

오지여행가이자 월드비전의 긴급구호 팀장인 한비야 씨가 TV 프로그램에 출연해 긴급구호 일을 하게 된 계기에 대해 이야기한 적이 있다. 케냐에서 만난 안과의사 아산떼의 이야기였다. 대통령이 만나고 싶어도 예약해야 만날 수 있다는 케냐 최고의 안과의사면서도 오지에서 봉사활동을 하고 있는 아산떼에게 한비야 씨가 왜 이 일을 하느냐고 물었다. 그러자 그는 첫 번째는 자신의 능력을 돈 버는 데만 사용하는 것이 너무 아깝기 때문이고, 두 번째는 봉사활동이 자신의 가슴을 뛰게 하기 때문이라고 대답했다고 한다.

이 방송을 함께 본 딸과 나는 많은 대화를 나누었다. '앞으로 어떤 인생을 살 것인가?'에 대한 내용이었다. 초등학교 5학년이었던 딸에게는 어려운 내용일 수 있었지만, 딸은 진지하게 한비야 씨의 이야기와 내 이야기를 받아들였다. 그러면서 자신도 '아산떼처럼 누군가에게 봉사하는 삶을 살고 싶고, 그러기 위해서 열심히 공부하겠다'는 목표를 스스로 세웠다.

공부할 동기를 부여해주는 대화야말로 물고기를 낚아주는 것이 아니라 물고기 낚는 법을 가르쳐주는 대화일 것이다. 아직 생각이 여물지 않은 아이가 혼자 동기를 찾기란 쉽지 않다. 이럴 때 부모가 적절한 대화를 통해 아이 스스로 동기를 찾게 도와준다면 공부 걱정은 더 이상 하지 않아도 된다.

아이에게 '꿈 안내자'가 되어라

대부분의 아이들에게 공부는 지겹고 힘든 일이다. 꿈은 그런 어려움을 이겨낼 수 있도록 도와주는 힘이다.

초등학교 4학년 때 딸아이의 꿈은 가수였다. 아이의 머릿속에는 화려한 스포트라이트를 받으며 춤추고 노래하는 가수의 모습으로 가득 차 있는 것 같았다. 그러던 차에 '꿈 계획서'를 작성해오라는 학교 숙제가 있었다. 10대부터 70대까지 나이대별로 자신의 꿈을 이루기 위해 어떤 일을 하고 결국 어떤 목표를 이루게 될지를 계획해보라는 것이었다. 나는 아이에게 가수 비의 이야기를 들려주었다. 아시아를 넘어 세계적인 스타가 되어가고 있는 비의 이야기를 통해 최고의 가수가 되기 위해 지금은 무엇을 하고, 앞으로는 무엇을 할 것인지에 대해 이야기를 나누었다.

비는 학창시절 공부와는 담을 쌓은 지독한 문제아였다고 한다. 그래서 월드스타로 비상하고 있는 지금은 '학창시절에 잠 좀 덜 자고 영어공부 좀 할걸' 하고 후회한다고 했다. 비의 이야기를 나누면서 자연스럽게 "네가 앞으로 어떤 일을 하건 그 분야에서 최고가 되었으면 좋겠고, 그러기 위해서는 너의 저력을 키워야 한다"는 내용으로 대화를 이끌었다. 물론 공부를 강조하고 싶은 나의 속마음을 드러내지는 않았다. 어차피 공부해야겠다는 결론은 아이 스스로 내려야 한다고 생각했다.

5학년이 된 어느 날은 가수도 되고 싶고 의사도 되고 싶은데 모두 이룰 방법이 없겠느냐고 묻기에 의사 겸 가수인 이지와, 약사였지만 가수가 된 주현미를 소개해주었고, 앞서 얘기했던 것처럼 오지에서 봉사활동을 하는 아산떼의 이야기도 함께 나누었다.

부모는 늘 아이 곁에 있는 사람이지만 그 특성을 제대로 파악하기가 쉽지 않다. 아이들의 호기심이 시시때때로 달라지고, 원하는 꿈도 수시로 변하기 때문이다. 그래서 유아기, 초등기, 중등기 등 시기에 맞춰 자녀가 흥미를 가지는 분야나 꿈에 대해 자주 대화를 나누어야 한다.

단, 부모의 욕심을 아이에게 강요하는 일은 없어야 한다. 자녀가 어릴 때는 부모의 꿈을 자신의 꿈으로 착각하는 경우가 많다. 하지만 자라면서 차츰 자신만의 세계를 갖게 되는데, 그것이 부모에 의해 억압되면 대화단절로 이어질 수 있다.

부모는 아이의 선택에 옳고 그름을 판단하는 사람이 아니라 꿈 안내자가 되어야 한다. 커서 무엇이 되고 싶은지를 물어보고, 꿈을 이루기 위해 앞으로 어떤 과정을 거치고 어떤 노력을 기울여야 하는지 이야기를 나누면 아이들은 그 속에서 현재 자신이 무엇을 해야 하는지를 깨달아간다. 그러면 아이 스스로 꿈을 위해 최선을 다하게 된다.

칭 찬 을 잘 하 면 마 법 의 주 문 이 된 다

마법사가 마법을 펼치기 위해 주문이 필요하듯이, 아이들이 스스로 공부하도록 하기 위해서는 칭찬이 필요하다. 칭찬이 아이들에게는 마법사의 주문인 셈이다.

칭찬의 효과를 높이기 위해서는 엄마가 먼저 아이의 성장을 위한 목표를 정해야 한다. 만약 목표를 '공부하라고 잔소리하지 않아도 스스로 공부하는 아이로 키우자'라고 정했다면 아이에게 공부 때문에 더 이상 잔소리하지 않을 것이라고 공표하도록 하자. 그리고 그 이유도 충분히 설명하자. 그 다음에는 공부와 관련된 잔소리를 깨끗하게 포기해야 한다. 그러려면 초인적인 인내심을 발휘해야 할 것이다. 시험이 코앞인데 아이가 TV나 컴퓨터게임에 빠져있다면 어떤 부모라도 잔소리가 튀어나올 수밖에 없을 것이다. 하지만 공부 때문에 더 이상 잔소리하지 않겠다고 이미 공표한 후라면 무조건 참아야 한다. 이때 발휘했던 부모의 인내심이 아이의 긴긴 인생에 좋은 밑거름이 될 것이다.

그 다음에는 기회를 잘 포착해야 한다. 늘 놀고만 있는 것 같아도 숙제를 하는 등 공부하는 기미를 보일 때가 분명 있을 것이다. 이때 잽싸게, 번개처럼 칭찬을 해야 한다.

"어머, 우리 아들! 엄마가 아무 말 하지 않았는데 숙제를 하고 있네. 아이고, 예뻐라."

공부가 아니라 숙제 때문에 어쩔 수 없이 책상에 앉은 것이라 해도 아이는 칭찬의 단맛을 느끼게 될 것이다. 이렇게 서너 번만 해보자. 칭찬의 단맛에 취한 아이는 스스로 책상 앞에 앉아 공부를 하게 될 것이다.

다시 한 번 정리해보면 칭찬의 효과를 높이기 위한 원칙은 첫째, 부모가 원하는 아이의 모습을 구체적으로 정하고, 둘째 그것을 아이에게 설명한 후, 셋째 기회를 잘 포착해 무조건 칭찬하는 것이다.

억지로 하는 칭찬이라도 이렇게 순간을 잘 포착한 칭찬은 엄마에게도 유익하다. 칭찬을 하는 바로 그 순간, 내 아이가 정말 스스로 알아서 공부를 하는 것처럼 느껴지면서 엄마 기분도 좋아지고, 잔소리도 줄어든다. 한번 해보자. 틀림없이 효과가 있을 것이다. 칭찬은 아이뿐만 아니라 엄마에게도 마법의 주문이다.

자기주도학습은
시킨다고
되는 게 아니다

　　우리나라 사교육 시장은 교육제도나 교육정책이 어떻게 바뀌든 그것을 사교육화시켜내는 놀라운 재주를 가지고 있다. 자기주도학습도 마찬가지다. 특목고등학교 입시에 자기주도학습 전형이 도입된 후 자기주도학습은 곧바로 사교육 시장에 흡수되었다. 자기주도학습 캠프는 물론이고, 학원가에서 가장 인기 있는 광고 문구가 '자기주도학습'일 정도이다. 부모세대가 자기주도학습을 해본 경험이 없는 데서 오는 불안감을 사교육 시장이 눈치 채고 재빨리 사교육화해낸 것이다. 자기주도학습은 말 그대로 '스스로 동기부여를 통해 목표를 세워 계획하고 실행하면서 그 가운데 공부의 즐거움을 깨달아가는 학습'이다. 그런데 이러한 자기주도학습을 학원에서 어떻게 가르친다는 것일까?

이러한 사교육도 문제지만 부모가 '이거 해라, 저거 해라' 지시해야 공부하는 아이도 큰 문제이다. 그것은 자기주도학습이 아니라 부모주도학습이다. 이런 아이들은 저학년일 때는 공부를 잘할지 몰라도 고학년으로 올라갈수록 성적이 떨어지기 십상이다. 고학년으로 올라갈수록 아이가 부모 뜻대로 움직이지 않거니와 부모 능력에도 한계가 오기 때문이다.

지나친 간섭은 독이 된다

모임의 한 엄마에게서 들은 이야기이다. 볼 일이 있어 잠깐 밖에 나가 있었는데, 딸에게서 전화가 왔단다. 그런데 한다는 말이 "엄마, 나 화장실 갔다 와서 숙제 계속해도 돼?"였다는 것이다. 함께 있던 엄마들과 한참을 웃었지만 가볍게 넘길 일은 아니라고 입을 모았다. 실제로 이런 아이들이 많은데, 어렸을 때부터 '이거 해라, 저거 해라' 지시를 받으면서 자란 탓이 크다. 헬리콥터 부모들의 지나친 간섭이 낳은 부작용일 것이다.

미국에서 생겨난 헬리콥터 부모라는 신조어는 헬리콥터처럼 아이 주변을 맴돌며 사사건건 간섭하는 부모를 가리킨다. 미국 〈타임〉에서 다룬 헬리콥터 부모의 사례를 보면, 다섯 살이 되도록 연필을 제대로 잡지 못할 때엔 가정교사를 붙이고, 아이들 놀이용으로 나무 위에 지은 집에 광대역 통신망을 깔며, 무릎이 두 번째 까질 때는 집에 있는 그네를 없애버린다. 그들은 또 학교나 놀이터, 농구장 등 아이들이 있는 곳이면 어디든 나타난다.

우리나라에도 미국 못지않은 헬리콥터 부모들이 많다. 특히 공부와 연결된 부분에서는 헬리콥터를 넘어 초음속비행기라고 불러도 될 정도이다.

아이들은 수도 없이 무릎이 깨지면서 달리기를 배우고, 양칫물을 몇 대접이나 마셔가면서 양칫물 뱉는 법을 배운다. 공부라고 다를 게 없다. 초등학교 1학년 때 성적보다는 고학년 때, 초등학교 고학년 때 성적보다는 중학교, 고등학교 때 성적이 더 중요하다는 것은 모두들 알고 있는 사실이다. 그렇다면 초등학교 때는 아이에게 시간을 주어야 한다. 넘어지고 깨지면서 스스로 찾은 공부법은 중고등학교 공부의 튼튼한 밑거름이 될 것이다.

좋 은 습 관 은 많 은 시 간 을 필 요 로 한 다

시험 성적에도 신경 쓰지 말고 공부법에도 간섭하지 말라는 말이 아니다. 자녀를 키워가는 모든 과정이 그렇듯이, 자녀 공부법에 대해서도 부모는 안내자의 역할을 해야 한다. 올바른 습관을 키워주고, 최선의 공부법에 대한 조언도 필요하다. 초등학교 시기를 이렇게 보낼 수 있다면 그 다음부터 아이의 공부는 순풍에 돛 단 듯 앞으로 나아가 순항할 것이다.

도서관 관장으로 있을 때 아이가 책을 좋아하게 만드는 방법을 물어오는 엄마들이 많았다. 독서교육 지침서들이 알려준 대로 하는데도 아이가 전혀 반응을 안 보인다는 하소연이 대부분이었다.

그럴 때마다 어느 정도의 기간을 두고 아이와 책읽기를 했느냐고 물었는데, 말꼬리를 흐리는 사람들이 많았다. 길어야 한두 주, 짧으면 이삼 일 실천해놓고 아이가 반응이 없다며 '우리 아이는 책을 싫어해'라고 생각하는 것이다.

그런 엄마들에게 '최소 6개월, 길게는 1년' 정도 공을 들여야 한다고 하면 "그렇게 긴 시간을 어떻게 기다려요?"라는 반응을 보인다. 열에 아홉이 그렇다.

나쁜 습관은 금방 들어도 좋은 습관은 오랜 훈련기간이 필요하다. 사람이 어떤 환경에 적응하기 위해서는 최소 100일의 시간이 필요하다고 한다. 그런데도 많은 부모들이 아이에게 서너 번의 기회를 주고 "역시 안 돼!"라고 말한다.

아이에게 좋은 습관을 들이려고 할 때는 반드시 기간을 오래 잡아라. 최소 한 학기, 길게는 1년까지 잡아야 한다. 아이의 평생 습관을 만들어주는 것이라고 보면 1년의 시행착오 기간을 길다고 말할 수는 없을 것이다.

조급증과 잔소리를 물리쳐라

딸이 초등학교 1학년 1학기 때 나는 출퇴근이 가능한 시골로 이사를 결정했다. 딸이 좀 더 크기 전에 시골생활을 시켜주고 싶어서였다. 비슷한 시기에 딸아이 반 친구 중 한 명이 어학연수를 떠났는데, 담임선생님이 혀를 끌끌 차며 내게 이렇게 말했다.

"아니, 어머니! 누구는 해외 어학연수를 간다는데, 시골로 전학을 간다니요?"

지금도 선생님의 그때 표정을 생각하면 웃음이 나온다. 선생님은 이해가 가지 않는다고 했지만, 내게는 나름대로 목표가 있었다.

나는 딸이 초등학교에 입학한 후부터 한 학년에 하나씩의 목표를 정해왔다. 초등학교 1, 2학년 때는 '자연 속에서 마음의 크기를 키우자'는 것으로 정했다. 자연 속에서 배우는 지혜가 아이의 창의력과 인성을 키워주고, 앞으로 해야 할 기나긴 공부 여정에 훌륭한 바탕이 될 것이라고 생각했다.

그리고 초등학교 3학년 때 다시 도시로 전학을 왔고, 그때부터 하나하나 공부습관을 잡아나가기 시작했다. 아이가 초등학교 3학년 때는 '일일계획표 작성하는 습관 들이기'가 목표였고, 4학년 때는 '스스로 공부하는 습관 들이기', 5학년 때는 '시험준비 혼자 하기'였다. 그리고 6학년 때는 '예습, 복습 습관 들이기'였다.

물론 습관을 들여가는 과정이 순탄치는 않았다. 아이는 물론이고 나까지 수없이 많은 시행착오를 겪었다. 계획을 잡고 실천하다가 아이와 맞지 않다고 판단되면 아이와 대화를 나눠서 계획을 수정해 나갔다. 그러면서 불쑥불쑥 일어나는 조급증을 참아내고, 목구멍까지 올라오는 잔소리를 삼키면서 얼마나 어금니를 깨물었는지 모른다.

어쨌든 나는 잔소리는 열 번 할 것을 한 번으로 줄이고, 칭찬은 한 번 할 것을 열 번하는 대화법을 택했다. 아이들의 자기주도학습을 도와주는 최선의 대화법 역시 칭찬이다. 이렇게 1년 동안 공을 들이는데 잡히지 않을 습관은 없다. 지성이면 감천이라고 했다. 아이도 엄마의 지극정성을 알아줄 수밖에 없다.

자기주도학습과 자전거는 배우는 법이 같다

인터넷에 들어가 보면 기출문제를 모아놓은 사이트들이 있다. 나도 이런 사이트에 대한 정보를 듣고 들어가 본 적이 있는데, 큰 충격을 받았다. 그곳에는 기출문제만이 아니라 엄마들이 시험과목마다 요약 정리해서 올려놓은 자료들도 있었다. 아이들 공부가 아니라 완전히 엄마들 공부였다. '초등학교 성적은 엄마 성적'이라는 말을 실감하는 순간이었다.

그런데 이렇게 아이 공부에 공을 들이던 엄마들이 초등학교 고학년이 되면 손을 놓는 경우가 많다. 학년이 올라갈수록 교과내용이 어려워져서 엄마들이 감당하지 못하게 되기 때문이다. 그래서 "이제 자기 스스로 할 때도 됐잖아?"라며 갑자기 아이에게 모든 것을 맡겨버린다.

하지만 그동안 스스로 공부해본 적이 없고 공부습관도 잡혀 있지 않은 아이들의 성적은 엄마가 손을 놓는 순간 바로 땅으로 곤두박질친다. 학원에 보내도 마찬가지다. 학원공부로 효과를 본 아이들의 경험담을 들어보면 학원에 다니는 시간만큼 스스로 공부하는 시간을 가져야 한다고 말한다. 학원에서 수학을 1시간 공부했으면 집에서도 1시간 동안 복습을 해야 한다는 것이다. 자기주도학습 습관이 들어있지 않은 아이를 학원에 보내봐야 큰 효과가 없다는 이야기이다.

초등학교 저학년일 때는 엄마가 공부를 봐줘야 할 필요가 있다. 그렇더라도 손을 놓아야 하는 때를 대비해 2~3년 정도의 시간을 두고 차근차근 자기주도학습을 준비시켜야 한다.

아이에게 두 발 자전거 타기를 처음 가르칠 때를 떠올려보자. 처음에는 부모가 뒤에서 자전거를 잡아줘야 한다. 이때 자전거의 무게중심을 잡는 사람은 아이가 아니라 부모이다. 그러다가 아이 스스로 자전거의 무게중심을 잡을 수 있을 때쯤 부모는 서서히 손에서 힘을 푼다. 이때도 갑자기 놓아버리면 아이는 넘어진다. 언제라도 꽉 잡아줄 수 있을 만큼 느슨하게라도 잡고 있어줘야 아이가 마음 놓고 페달을 밟을 수 있다. 그러다가 웬만큼 자전거 타기를 익혔다 싶을 때 손을 완전히 놓으면 된다.

공부도 마찬가지다. 두 발 자전거를 가르치듯이, 그렇게 서서히 손을 놓아야 아이 스스로 공부할 수 있다.

계획과 반성을
습관으로
만들어라

　습관이 성적에 미치는 영향에 대한 다큐멘터리를 본 적이 있는데, 성적이 상위 1퍼센트 안에 드는 아이들의 좋은 습관 1위로 '계획과 반성'이 꼽혔다.

　그렇다면 계획과 반성을 습관으로 잡아주려면 어떻게 해야 할까? 그 답은 바로 일일계획표 작성에 있다.

시 키 지 말 고 모 범 을 보 여 라

자녀양육에서 모든 것이 그렇듯, 아이가 일일계획표를 짤 수 있도록 하는 가장 좋은 방법은 모범 보이기이다. 여기서 말하는 모범 보이기란 자녀의 일일계획표를 함께 짜라는 것이 아니라 부모가 자신의 일일계획표를 작성하는 모습을 직접 보여주라는 것이다.

이렇게 말하면 엄마들은 "가정주부가 일일계획표를 작성할 게 뭐 있어요? 매일 그 일이 그 일인데"라고 말한다. 그러면 나는 매일 하는 일이라도 일일계획표에 적으라고 말해준다. 아이들 역시 그날이 그날인 건 마찬가지다. 매일 하는 숙제, 매일 하는 공부, 매일 가는 학원이다. 그렇더라도 그것을 꼼꼼히 적고, 매일 결과를 체크하는 아이와 그렇지 않은 아이의 차이는 매우 크다.

그리고 가정주부가 매일 똑같은 일을 하는 것 같지만 꼭 그렇지는 않다. 찾아보면 공과금 내기, 은행이체, 커튼 세탁, 세탁물 찾기와 같이 매일 다른 일이 조금씩 있다. 이런 것을 기록하고 체크하는 것이 바로 일일계획표이다.

일 일 계 획 표 는 아 이 의 수 준 에 맞 춰 라

저학년 아이들은 하루 일과가 단순할 뿐만 아니라 자기 손으로 매일 일일계획표를 적는 일이 무리일 수 있다. 내 경우에는 컴퓨터로 일주일 단위의 일일계획표를 작성한 후 출력해 딸에게 주었는데, 그 내용은 '숙제하기, 수학 문제집 풀기, 독서하기, 영어 동화책 읽기'가 대부분이었다. 그러면 아이는 해당 요일에 해야 할 일을 했는지 안 했는지를 체크했다. '계획'보다는 '확인과 반성'에 초점을 두었다고 할 수 있다.

이때 주의할 점은 엄마 혼자서 일일계획표를 뚝딱 만들어서는 안 되고 아이를 동참시켜야 한다. '지난주에 수학 문제집 3장 해보니까 어때? 양이 많은 것 같아, 적은 것 같아?', '책은 어떤 책을 읽을래?', '하루에 책을 몇 권 정도 읽을 수 있었니?', '이번 주에는 무엇을 하면 좋을까?' 이렇게 질문을 던져가면서 그 주에 할 일을 아주 구체적으로 적어야 한다. '수학 문제집 풀기'가 아니라 '수학 문제집 4장 풀기', '책 읽기'가 아니라 '창작동화 1권, 과학동화 1권' 식으로…….

그러다가 초등학교 3학년이 되었을 때 처음으로 어린이용 다이어리를 내밀었다. 그리고 스스로 할 일을 적고 그 옆에 실행 여부를 체크하도록 했다. 이때도 다이어리만 건네주고 손을 뗀 것은 아니었다.

'오늘은 어떤 일을 해야 할까?', '이번에 새로 산 수학 문제집은 단계가 좀 높은데 하루 30문제 풀기는 좀 힘들지 않을까? 네 생각은 어때?', '오늘 꼭 해야 할 일은 뭐지?', '친구들과 몇 시에 만나기로 했니?', '오늘은 어떤 멋진 일이 일어나면 좋을까?' 이런 질문을 던지고 그 답을 다이어리에 적게 했다.

물론 일일계획표 작성이 순탄했던 것은 아니었다. 내가 바빠서 아이와 이런 대화를 나눌 수 없을 때도 있었고, 아이가 하기 싫다고 투정을 부릴 때도 있어서 중단과 재도전이 꽤 여러 차례 반복되었다. 하지만 작심삼일도 100번 하면 1년이라고, 1년 정도 지났을 때는 결국 아이의 습관이 되어 있었다.

일일계획표를 쓰면 대화거리가 샘솟는다

아이가 일일계획표를 스스로 작성하기 시작한 후부터 딸과 나는 해마다 다이어리를 구입했다. 그리고 식탁에 앉아 각자의 다이어리에 일일계획표를 작성하며 매일 아침을 시작했다.

좁은 식탁에 마주앉아 있다 보니 나의 일일계획표를 아이가 보기도 하고, 아이의 일일계획표를 내가 보기도 했다. 딸과 나의 다이어리에는 일일계획표뿐만 아니라 전날에 대한 반성, 친구들이나 사람들과의 약속, 갑자기 떠오른 아이디어, 일지 형식으로 기록된 하루 등 여러 가지 내용이 담겨 있지만 일기가 아니기 때문에 서로에게 보여줘도 큰 무리가 없었다.

그래서 각자의 다이어리를 보다 보면 대화거리가 마를 새가 없었다. 누가 먼저랄 것도 없이 서로의 하루생활에 대해 이야기를 하게 되었는데, 그것은 딸과 함께 작성하는 일일계획표가 주는 또 다른 선물이었다.

아이가 중학생이 된 후에는 다이어리와 스터디플래너를 따로 구입했다. 아이에게 사생활을 보장해주기 위해서였다. 그래서 아이의 다이어리를 보지는 않지만 대신 가끔 스터디플래너를 보며 이야기를 나눈다. 어떤 점이 어려운지, 어떻게 공부의 방향을 잡아나가면 될지, 마무리되어가는 학습은 어떤 것이고, 앞으로는 어떤 학습을 더 해나갈지 등등 공부에 대한 이야기를 나누어도 아이는 거부감 없이 대화를 받아들인다. 어릴 때부터 다이어리를 보며 아이의 생각과 생활을 공유해온 덕분이라고 생각한다.

아이와
협상하는 부모가
되어라

　　설득은 거부감 없이 상대방의 마음을 열게 만들어서 자신의 뜻을 관철시키는 것이다. 하지만 설득당하는 사람이 약자의 입장에 있을 때는 '설득'이 아니라 '강요'가 될 수 있다.

　　부모와 아이의 관계에서도 마찬가지다. 부모 입장에서 아무리 '친구 같은 부모'를 지향해도 아이들이 느끼는 감정은 약자일 수밖에 없다.

　　부모가 아이를 설득하는 과정을 한번 생각해보자. 부모는 일단 아이보다 아는 것도 많고 세상을 살아온 경험도 풍부하다. 그러다 보니 아이는 말발과 논리에서 밀릴 수밖에 없고, 무언가 석연찮은데도 반박할 말이 마땅찮다. 그러면 아이는 어느 순간 억울한 마음이 생긴다. 부모와 아이 사이의 대화는 아무리 자연스럽게 이루어지는 대화라도 심정적으로 강요당하는 기분에 빠져들 수 있다. 부모의 목소리 톤이나 주제로 봐서는 대화인 듯한데, 심정적으로는 강요당하는 듯한 기분에 빠져들게 하는 것, 이것이 바로 '설득의 함정'이다.

아이를 협상의 대상으로 인정하라

이럴 때 효과적인 대화법이 협상이다. 협상이라고 하면 거부감을 가지는 부모들이 간혹 있다. 협상의 전제는 '동등한 입장'인데, 많은 부모들이 아이를 가르치고 교육시켜야 할 대상으로 보고 동등한 위치에 있다고 생각하지 않기 때문이다. 그런데 아이를 한 사람의 인격체로 대하는 협상은 교육적으로 큰 효과를 가져온다.

협상이라고 해서 어렵게 생각할 것은 없다. 가장 단순한 경우를 생각해보자. 밥 먹기를 유난히 싫어하는 아이가 있다. 아이는 식탁에 앉자마자 "밥 다섯 숟가락만 먹으면 안 돼?"라고 묻는다.

"왜 다섯 숟가락만 먹고 싶은데?"

"먹기 싫으니까."

"다섯 숟가락만 먹으면 배가 고프지 않을까? 엄마 생각엔 열 숟가락 정도는 먹어야 할 것 같은데."

"싫어. 다섯 숟가락 먹을 거야!"

"음…… 그럼, 다섯 숟가락과 열 숟가락의 중간쯤인 여덟 숟가락은 어떨까?"

"너무 많아. 싫어."

"엄마도 두 숟가락 양보했으니까, 너도 양보를 해야지."

"그럼 엄마도 반, 나도 반 양보해서 일곱 숟가락 반 먹을래."

"그래라 그럼."

컴퓨터게임 시간 정하기, 용돈 올려주기, 고가의 물건 사주기, 공부시간 정하기 등등 아이를 키우다 보면 협상을 벌여야 할 일이 부지기수이다.

앞서 든 예는 아주 단순한 협상 같지만 이 안에는 이미 협상의 기초적인 방법이 모두 들어있다. 양쪽 모두를 만족시키는 창조적 대안 마련하기, 상대방의 숨겨진 욕구 자극하기, 협상의 주도권을 잡기 위해 질문하기, 윈윈 협상을 위한 지속적인 대화 등이 그것이다. 게다가 아이에게 양보의 개념과 수학적 계산까지 가르쳤으니 '꿩 먹고 알 먹고'가 따로 없다.

더구나 협상을 하기 위해서는 상대를 자기 뜻대로 움직이기 위한 전략이 필요하다. 처음에 다섯 숟가락을 먹겠다고 했던 아이가 다음 번 식사에서는 '세 숟가락'을 제시할지 모른다. 그러면 엄마와의 협상을 통해 일곱 숟가락 반이 아닌 여섯 숟가락 반을 먹을 수 있기 때문이다.

지미 카터와 로널드 레이건 전 미국 대통령 시절 대(對)테러리스트 협상을 맡으며 협상기술의 황제로 등극한 허브 코헨은 "우리가 살고 있는 세계는 거대한 협상 테이블이며, 인생의 8할은 협상"이라고 말했다. 따라서 집 안에서의 협상 경험은 '내 아이 인생의 8할'을 성공으로 이끄는 소중한 자산이라 할 수 있다.

설득하지 말고 설득을 당해줘라

의견 차이가 생겼을 때 아이를 무조건 설득하는 대신에 부모를 설득시켜 보라고 제시하면 갈등도 줄이고 아이의 대화능력과 논리력도 키워줄 수 있다. 자신과 생각이 다른 부모를 설득하기 위해 아이는 어떻게 할까? 답은 간단하다. 부모의 생각을 자신이 원하는 방향으로 바꾸려 할 것이다. 그러기 위해 아이는 자신만의 논리를 키울 수밖에 없다.

초등학교 고학년 때부터 한문 공부를 시작해야 한다고 생각하는 부모와 한문 공부가 너무 하기 싫은 아이가 있다고 치자. 이럴 때 부모는 자신을 설득해보라고 제시하면 된다. 물론, 아이의 논리가 설득력을 가질 경우 얼마든지 양보가 가능하다는 전제가 되어 있어야 한다.

나는 딸이 어릴 때 "세 가지 이유를 말해봐", "다섯 가지 이유를 말해봐" 하는 식으로 아이가 나를 설득할 수 있도록 유도했다. 그리고 이유라고 말하는 것들이 조금 타당하지 않더라도 심각한 문제가 아닌 한 설득당하는 척했다. 이런 과정이 반복되면서 아이는 서서히 자신만의 논리를 갖게 되었고, 꽤 정교한 논리를 펼쳐 나를 놀라게 만들었다. 딸이 고학년이 되면서부터는 설득당하는 척이 아니라 실제로 내가 설득당하는 횟수가 꽤 많아졌다. 그만큼 아이의 논리력이 커진 것이다.

아이를 성장시키는 윈윈 협상법

그렇다면 부모도 만족하고 아이도 성장하는 윈윈 협상법은 무엇일까?

첫째, 아이의 요구에 얽매이지 말고 욕구를 찾아야 한다. 협상을 할 때 자칫 아이의 요구에만 집착하게 되면 갈등이 빚어진다. 요구와 욕구의 관계는 빙산의 보이는 부분(요구)과 보이지 않는 부분(욕구)에 비유할 수 있는데, 보이는 부분에만 힘을 주어서는 빙산 전체를 움직일 수 없다.

가령, 출근시간이 빠듯한데 아이가 어린이집에 가지 않겠다고 떼를 쓴다고 하자. 문제를 해결하고 싶다면 어린이집에 가지 않겠다는 고집만 나무랄 것이 아니라 그 이유(욕구)를 살펴야 한다. 근본적인 이유가 해결되지 않는 한 아침마다 실랑이가 벌어질 것이기 때문이다.

둘째, 윈윈협상이 되도록 노력해야 한다. 협상에서 흔히 '이긴다'는 표현을 사용하는데, 여기에는 상대방을 궁지로 몰아넣는 것이 협상이라는 잘못된 시각이 담겨 있다. 부모와 아이 간의 협상은 분명 달라야 한다. 서로 조금씩 양보함으로써 양쪽 모두가 만족하고 발전해가는 협상이 되어야 한다.

셋째, 창조적 대안을 마련해야 한다. 사실 이것이 윈윈 협상의 전부라고 해도 과언이 아니다. 아이가 컴퓨터게임에 중독되어 문제를 일으킬 때 컴퓨터 대신 차라리 가족이 함께할 수 있는 게임기를 사주는 것도 창조적 대안이 될 수 있다.

자녀 공부의
안내자가
되어라

코치란 경기장에서 선수와 팀의 능력이 최고로 발휘될 수 있도록 연습과 시합의 전개를 지도하는 사람이다. 그들은 단순하게 정답을 알려주거나 일방적으로 명령을 내리는 것이 아니라 선수가 가진 최대의 역량을 이끌어내는 질문과 제안으로 자발적인 행동을 유도해낸다.

많은 자녀교육서들이 '엄마가 최고의 선생님'이라고 말한다. 워낙 사교육이 문제가 되다 보니 사교육에 대한 대안으로 엄마가 아이를 가르치라고 조언하는 것인데, 한편으로 일리가 있지만 자칫 함정에 빠질 수 있는 말이다. 엄마가 아닌 과외선생님이 될 수 있기 때문이다. 그런 측면에서 본다면 부모는 선생님이 아니라 자녀 공부의 '코치'가 되는 것이 합당하다고 본다. 자녀 교육 코칭이란 기본적으로 자녀를 믿고, 자녀가 한 걸음 더 앞으로 나아갈 수 있도록 필요한 요소들을 찾아 도와주는 것이다. 자녀들에게 정답을 알려주는 것이 아니라 스스로 자기 발전의 길을 찾아가도록 지원해주는 것이다.

《김연아의 7분 드라마》를 보면, 러츠든 플립이든 그날따라 안 되는 것이 꼭 있어서 화가 날 때가 있는데, 그럴 때면 코치가 다가와 이렇게 말해주었다고 한다.

"바로 이런 날들이 앞으로 네가 이겨내야 할 것들이야. 지금 그 과정을 겪고 있는 거야."

"매번 완벽하다면 더 연습할 게 없잖아? 계속 잘하면 훈련이 얼마나 지루하겠어?"

김연아는 이런 말에 힘을 얻어 다시 스케이트 끈을 묶을 수 있었다고 고백했다.

가르치고 지시하는 선생님이 되지 마라

조기교육의 연령이 점점 낮아지고 있다. 서너 살만 되어도 학습지 두세 개는 기본이고, 일곱 살에 배우면 서너 달이면 끝낼 한글 깨치기에 2년을 투자하기도 한다. 개인적으로 나는 돈 낭비, 시간 낭비라고 생각한다. 그런데 더 큰 문제는 엄마가 '신을 대신해 아이 곁에 와 있는 어머니'가 아니라 '가르치고 지시하고 때론 체벌도 불사하는 선생님'이 된다는 것이다.

갓난아기일 때 부모들은 아이의 의미 없는 눈짓 몸짓 하나에 환호하고 탄성을 지른다. 그러다가 서너 살이 되면 슬슬 욕심이 생기기 시작한다. 한 개를 가르쳐주면 두 개를 깨닫는 아이였으면 좋겠는데, 그렇지 못하면 자기도 모르게 언성이 올라가고 사나운 표정이 나온다.

나는 딸에게 한글을 따로 가르치지 않았다. 그 첫 번째 이유는 아이에게 스스로 글자를 깨칠 수 있는 기회를 주고 싶어서였다. 만약 일곱 살 가을까지 글자를 깨치지 못하면 진학하기 석 달 전에 바짝 가르치면 된다고 생각했다. 다행히 아이는 스스로 한글 읽기를 깨치더니, 학교에 들어갈 즈음에는 어렵지 않은 글자는 스스로 쓸 수 있게 되었다. 그 선택은 지금도 '올바른 선택'이었다고 생각한다. 아이가 스스로 글자를 깨친 자신을 무척 자랑스러워하기 때문이다.

두 번째 이유는 아이의 상상력을 방해하지 않을까 하는 우려 때문이었다. 아이들을 이야기 속으로 뛰어들게 만드는 가장 큰 힘은 상상력이다. 그런데 글자를 깨우치는 것이 아이의 상상력에 별 도움이 되지 않을 것이라고 생각했다. 나는 아이와 그림책의 그림을 보면서 수많은 버전의 새로운 이야기를 만들어냈다. 읽었던 책의 기본 스토리에 살을 붙여가며 이야기를 만드는 식이었다. 그래서인지 아이는 지금도 상상력이 남다르다는 소리를 듣는다.

어린 자녀를 둔 부모들에게 간절히 당부하고 싶다. 한글이나 덧셈 뺄셈을 1년 일찍 가르치기 위해 아이의 행복한 어린 시절을 빼앗지 말라고 말이다.

다이아나 루먼스의 '만일 내가 다시 아이를 키운다면'이라는 시는 교육에 관한 그 어떤 말보다 깊은 울림을 준다.

만일 내가 다시 아이를 키운다면

더 많이 아는 데 관심 갖지 않고

더 많이 관심 갖는 법을 배우리라.

자전거도 더 많이 타고

연도 더 많이 날리리라.

들판을 더 많이 뛰어다니고

별들도 더 오래 바라보리라.

더 많이 껴안고

더 적게 다투리라.

도토리 속의 떡갈나무를 더 자주 보리라.

지나친 기대는 아이를 병들게 한다

부모가 되면 자식에 대해 약간씩 착각에 빠지기 마련이다. 이제 갓 시작한 옹알이가 '엄마 아빠'라는 말로 들리고, 아이가 한글을 읽기 시작하면 천재가 아닐까 생각한다. 그런데 이런 기대가 지나치면 심각한 문제를 낳을 수 있다.

엄마들은 흔히 "내 아이는 내가 못 가르치겠어요"라고 말한다. 맞는 말이다. '가나다라' 몇 번 가르쳐놓고 바로 따라 읽지 못한다고 혼을 내는 판국이니, 어떻게 아이를 가르칠 수 있겠는가.

예체능 외에 사교육을 시켜본 적이 없는 나는 아이와 마주앉을 때마다 마음속으로 주문처럼 되뇌는 말이 있었다. 그것은 '내 아이는 천재가 아니다'였다.

진심으로 내 아이가 천재가 아니길 바라는 부모는 세상에 없을 것이다. 영재교육이니, 특목고니 하는 말을 들을 때마다 나 또한 부모인지라 욕심이 생겼다. 그러나 아이와 마주앉을 때만큼은 마음을 비우기 위해 노력했다. 그렇지 않으면 아이에게 목소리를 높이게 되고, 머리라도 한 대 쥐어박게 되고, 결국 해서는 안 되는 말까지 하게 되기 때문이다.

사람은 누구나 자기방어적이다. 특히 자신의 능력이나 인성을 공격하는 말에는 민감한 반응을 하게 된다. 아이들도 마찬가지다.

"왜 그것도 몰라?"

"누굴 닮아 머리가 그렇게 나쁘니?"

"너 바보야?"

내게 이런 말을 하는 사람에게 호감을 가질 수는 없다. 두 번 다시는 함께 공부하고 싶지 않고, 심하면 말도 섞고 싶지 않을 수 있다. 그 상대가 엄마라고 다를 것은 없다.

'한 번 가르쳐서 모르면 두 번, 두 번 가르쳐서 모르면 열 번, 열 번 가르쳐서 모르면 백 번'이라는 마음으로 가르치면 아이에게 목소리 높일 일이 없다.

"와~ 더하기를 처음 가르쳐줬는데 절반이나 맞았구나."

"(틀렸다고 속상해하는 아이에게) 처음부터 다 맞으면 뭐하러 공부하겠어? 잘 모르고 틀리기도 하니까 공부하는 거지."

이런 말을 해주어야 아이에게 "엄마(아빠)와 공부하는 게 세상에서 제일 재

믿어요"라는 말을 들을 수 있다.

자 신 의   미 래 를   기 대 하 는   아 이 로   키 워 라

공부를 못하는 것보다 더 위험한 것은 '나는 원래 공부를 못해'라고 아이 스스로 자신을 폄하하는 것이다. 그런데 아이가 이런 생각을 하게 만드는 것은 성적표에 찍힌 점수가 아니라 부모이다.

90점을 맞은 아이가 "왜 두 개나 틀렸어?"라는 말을 들으면 '아 나는 두 개나 틀리는 멍청이구나'라고 생각한다. 그런데 80점을 맞은 아이에게 "와~ 지난번엔 70점 맞았는데, 이번엔 80점을 맞았네? 문제집을 한 번 풀어본 게 효과가 있구나. 잘했어"라고 말해주면 아이는 '아 나는 노력하는 우등생이구나'라고 생각한다.

내 딸은 초등학교 1, 2학년 때 '책 읽기' 외에는 문제집 한 권 제대로 푼 적이 없고, 공부습관도 초등학교 3학년 때부터 들이기 시작했다. 그러다 보니 학년이 올라갈수록 성적이 점점 더 좋아졌는데, 그럴 때마다 나는 이렇게 말해주었다.

"너는 늘 지금보다 나중이 더 기대되는 아이란다."

그러면 딸은 만족스러운 표정을 짓는데, 아이 눈망울엔 언제나 '기대되는 자신의 미래'가 담겨 있었다. 부모가 아이에게 기대를 걸기보다는 아이 스스로 자신에게 기대를 걸 수 있도록 도와주자. 부모가 잔소리할 때보다 훨씬 더 스스로 노력하게 될 것이다.

가르치지 말고 안내자가 되어라

아이가 저학년일 때는 끼고 앉아 가르치다가 고학년이 되면 학원으로 보내는 엄마들이 많다. 교과내용이 어려워지면서 엄마가 가르치는 데 한계가 오기 때문이다. 그런 엄마들에게 나는 가르치지 말고 안내자가 되라는 말을 해주고 싶다.

딸이 수학 문제가 너무 어렵다며 도움을 요청할 때 나는 이렇게 말했다.

"엄마는 초등학교를 졸업한 지 30년이나 됐거든. 그러니까 엄마보다 네가 문제를 더 잘 풀 거야. 네가 풀게 되면 엄마에게도 좀 가르쳐 줘."

그러면 아이는 '정말 그런가?' 하는 표정을 짓다가 문제풀이에 다시 도전했고, 열에 일고여덟 문제는 스스로 풀어냈다. 아이가 찾아낸 풀이법을 나는 정말 학생 같은 자세로 열심히 들어주고, 궁금한 것이 있으면 질문도 했다. 그러면 여러 가지 효과를 거둘 수 있었다. 어떤 문제를 만나더라도 혼자서 해결할 수 있다는 자신감을 갖게 되었고, 엄마에게 한 번 더 설명함으로써 문제풀이를 확실하게 기억하게 되었다. 그 과정에서 대화의 새로운 연결고리를 찾기도 했다.

그렇게 해서도 풀리지 않는 문제는 아이와 함께 해답지를 보며 풀이법을 연구했다. 이때도 굳이 내가 설명해주지 않아도 아이 입에서 "아하!" 하는 소리가 절로 나오곤 했다. 풀이과정에서 고민이 깊었던 만큼 어디가 잘못되어 문제가 안 풀렸는지를 단번에 찾아낼 수 있었기 때문이다.

폭넓은 독서와 대화가 답이다

전국 대다수의 초등학교에서 중간기말고사를 폐지하고 상시평가와 서술형-논술형 평가 비중을 크게 늘리고 있다. 국어 과목뿐만 아니라 수학, 과학 등 교과별 서술형-논술형 평가가 확대되면서 많은 학부모들의 관심이 논술 교육에 쏠리고 있다.

과목마다 내용은 다르겠지만 논술형 문제의 핵심은 동일하다. 논술형 문제를 통해서 이해력, 사고력, 표현력을 테스트하는 것이다. 학습내용을 제대로 이해하고 있는지, 학습한 내용을 바탕으로 보다 창의적인 생각을 할 수 있는지, 자신의 생각을 논리적으로 표현할 수 있는지를 확인하는 것이다. 그런데 이해력과 사고력, 표현력 등은 기존의 주입식 암기교육으로는 해결하는 데 한계가 있다. 그것들을 위해서는 문제해결법을 찾는 능력, 생각하는 능력을 길러야 하는데, 폭넓은 독서와 대화, 토론을 통하지 않으면 힘들기 때문이다.

그렇다고 사교육 시장을 기웃거리지는 말고 차라리 아이와 함께 신문을 읽자. 어렵고 따분한 사설을 읽히라는 말이 아니다. 아이가 관심을 보이는 기사나 광고부터 시작하면 된다.

"너는 왜 이 기사에 관심이 가니?"

"왜 이런 일이 일어나고 있다고 생각하니?"

"결과는 어떻게 될까?"

"너는 어떤 점에 문제가 있다고 생각하니?"

"광고 제작자는 왜 이런 광고를 만들었을까?"

내용에 적절한 질문을 던져주고 아이가 답을 생각할 수 있도록 유도해주면 논술교육은 따로 하지 않아도 된다. 일주일에 한 번 정도 아이와 신문을 읽고 이야기 나누는 시간을 가져보자. 다만 요일과 시간은 정해두는 것이 좋다. 그렇지 않으면 차일피일 미루다 흐지부지될 가능성이 높기 때문이다.

애정은 '충분히', 꾸짖을 때는 '제대로'

4장

아이의 가능성,
10분 대화로
깨워라

배움 없는 자유는 언제나 위험하며,
자유 없는 배움은 언제나 헛되다.
· 존 F. 케네디 ·

자율성을
키워주는
대화법

　구순 노모에게는 칠순 아들도 어린아이처럼 보인다는 말이 있다. 그래서 외출하는 칠순 아들에게 차 조심하라고 한다지 않은가.

　대체로 부모는 자녀를 어리게만 보는 경향이 있다. 그래서 일일이 이것저것 일러주지 않으면 제대로 못할 것이라고 생각한다.

　매와 관련된 다큐멘터리를 본 적이 있다. 하늘을 호령하는 맹금류지만 그들에게도 둥지에서 어미가 물어다주는 먹이를 받아먹고 자라는 시절이 있다. 그러다가 둥지가 비좁아지면 아직 덜 여문 날개를 퍼덕이며 이쪽 가지에서 저쪽 가지로 날기 연습을 시작하고, 어느 순간에는 푸른 창공으로 힘차게 날아올라 하늘의 주인이 된다.

우리 아이들도 마찬가지다. 아이들도 혼자 힘으로 푸른 창공으로 날아올라 자기 인생의 주인이 되어야 하는 순간이 있다. 그런데 요즘은 마마보이니 파파걸이니 하는 말이 유행할 정도로 자기 인생의 주인공이 되지 못하는 성인들이 늘어나고 있다. 제때 자율성과 자립심을 키워주지 못한 부모들의 잘못이 크다는 자성 섞인 목소리들이 많다.

자율성은 자신에 대한 믿음에서 나온다

자율성이란 자기 자신의 원칙에 따라 어떤 일을 하거나 자신을 통제하여 절제하는 성질이나 특성을 말한다. 자율성이 발달하는 시기는 아이들마다 조금씩 다르다. 주로 생후 12개월에서 18개월쯤에 발달하기 시작하는데 이 시기가 되면 유난히 '내가 할 거야!'라는 말을 자주 사용하면서 숟가락질도 혼자 하겠다고 하고, 신발도 혼자 신으려 한다.

하지만 엄마들 입장에서는 숟가락질하면서 옷을 버리고, 여기저기에 음식을 떨어뜨리는 것을 참아내기가 힘들다. 그렇잖아도 늦었는데 혼자 신발을 신겠다고 끙끙 대는 아이를 보면 부아가 치미는 것도 당연하다. 그러다 보니 아이가 "내가 할 거야!"라고 말하는 시기에 엄마들은 "엄마가 해줄게"라는 말을 입에 달고 산다.

그런데 엄마의 이런 양육태도는 아이가 초등학생, 중학생 때는 물론이고 성인이 되어서까지 계속되는 경우가 많다. 더구나 이런 엄마들일수록 행동과 말과 마음이 따로 노는 경우가 많다. 행동은 이미 아이 스스로 할 몫까지 대신해주면서도 입으로는 "넌 아직 이것도 혼자 못하니?"라고 말해 아이에게 상처를 주고, 마음속으로는 '역시, 우리 애한텐 내가 있어야 돼'라는 이율배반적인 모습을 보이는 것이다.

한국청소년상담원이 서울지역 초등학교 4학년에서 6학년 어린이 1,000여 명을 대상으로 '부모로부터 가장 듣기 싫은 말'을 조사했다. 1위는 '공부해라'였고, '넌 왜 그 모양이니?', '그만 놀아', '컴퓨터 그만해', '이것도 성적이라고 받아왔어?', '이 다음에 커서 뭐가 되려고 그러니?', '제발 말 좀 들어라', '자꾸 그러면 맞는다' 등이 그 뒤를 이었다. 이 모든 말들의 특징은 아이의 자율성을 크게 해친다는 것이다.

자율성의 핵심은 '자기 스스로의 원칙에 따라'이다. 그런데 '공부해라', '그만 놀아라', '제발 말 좀 들어라', '자꾸 그러면 맞는다'처럼 지시하고 통제하는 말로는 자율성을 키워줄 수 없다.

'이것도 성적이라고 받아왔어?', '이 다음에 커서 뭐가 되려고 그러니?'도 마찬가지다. '자기 스스로의 원칙'에 따르려면 기본적으로 자신에 대한 믿음이 있어야 한다. 그런데 자신감과 의욕을 꺾어버리고 자부심에 상처를 주는 말을 듣고 자란 아이가 어떻게 '자기 스스로의 원칙'에 충실할 수 있겠는가?

자율성은 안정된 심리상태와 나 자신에 대한 믿음에서 비롯된다. '내가 설령 실수를 하더라도 부모가 나를 비난하지 않을 것'이라는 믿음이 있어야 자율성이 제대로 성장할 수 있다.

명령하지 말고 의견을 물어라

어느 날 딸이 내게 물었다.

"엄마, 왜 어른들만 명령하고 애들은 어른에게 명령하면 안 되는 거야?"

"왜냐하면 엄마는 너를 올바르게 키워야 할 의무가 있기 때문이야. 네가 제대로 하지 못할 때는 명령을 해야 할 때도 있는 거야."

내 대답을 듣는 딸의 얼굴에는 불만이 스멀스멀 피어오르고 있었다.

며칠 후 "서연아, 컴퓨터 그만하고 숙제를 좀 했으면 좋겠는데, 네 생각은 어떠니?"라고 물었더니, 아이는 "엄마, 바로 그거야!"라며 반가워했다. 나는 "뭐가?"라고 되물었다.

"'뭐뭐 했으면 좋겠는데?'라고 말하는 거 말야. 나는 엄마가 '뭐뭐 해'라고 말할 때보다 '뭐뭐 했으면 좋겠는데'라고 말하거나 '뭐뭐 해줄래?'라고 말할 때가 더 좋아. 그건 엄마와 나 사이에 상하가 없다는 걸 뜻하니까."

나는 딸의 말을 듣고 그동안의 내 행동을 돌아보았다. 평소에 명령조로 말하지 않아야지 하면서도 나도 모르게 부탁해도 될 일까지 명령조로 말한 경우가 있었던 모양이었다.

물론 명령조로 말할 수밖에 없는 상황도 있다. 절대 허락할 수 없는 일로 떼를 쓸 때, 아이가 큰 잘못을 저질렀을 때 등등 단호하게 말해야 할 때가 있다. 공을 줍겠다고 차가 달려오는 도로로 뛰어드는 아이에게 "애야, 엄마는 그곳으로 안 갔으면 좋겠는데, 네 생각은 어떠니?"라고 물을 수는 없는 것 아닌가?

하지만 일상생활의 대화는 명령조가 아닌 부탁을 하고 의견을 묻는 방식으로도 충분하다.

"장난감을 좀 치웠으면 좋겠는데, 네 생각은 어때?"
"가만히 앉아서 밥을 먹으면 엄마가 더 편할 것 같은데, 그렇게 해줄래?"
"이젠 텔레비전을 꺼야 할 시간인 것 같은데, 너는 어떻게 생각하니?"

선택도 연습이 필요하다

인생은 선택의 연속이라는 말이 있다. '이걸 먹을까 저걸 먹을까? 이걸 입을까 저걸 입을까? 버스를 탈까 지하철을 탈까' 등등 아주 사소한 선택에서부터 '이 대학교에 갈까 저 대학교에 갈까? 이 사람과 결혼을 할까 말까? 이 회사에 입사를 할까 말까' 등 인생의 갈림길에서 내리는 중대한 선택까지, 매 순간 우리는 선택을 하며 살아간다.

그런데 선택에 익숙하지 않은 사람은 결정적인 순간에 잘못된 선택을 할 위험성이 높다. 자율성이라는 내면의 힘을 기르지 못했기 때문이다.

영화 〈매트릭스〉를 떠올려보자. 모피어스와 네오가 처음 만난 자리에서 모피어스는 알약 두 개를 내민다. 하나는 인공두뇌를 가진 컴퓨터가 지배하는 매트릭스의 세계로 다시 돌아가는 약이고, 다른 하나는 매트릭스의 실체를 알게 되는 약이라는 설명과 함께 말이다. 모피어스는 네오가 매트릭스를 파괴하고 세상을 구원할 사람이라고 확신하고 있다. 그런데도 강제로 약을 먹이는 대신에 네오에게 선택의 자유를 준다. 여기서 모피어스가 강조한 것이 네오의 선택권, 바로 '자유의지'이다. 자유의지를 발휘한 사람은 어떤 난관 앞에서든 굴복하지 않는다.

자율성이 침해당한 아이는 진정한 자유의지를 발휘할 수 없다. 기회가 있을 때마다 아이에게 선택할 수 있는 기회를 주자. 근육이 운동으로 단련되듯 선택의 기회를 통해 아이의 자율성도 단련될 것이다.

그런데 아이들은 너무 많은 선택지를 주면 선택하기가 쉽지 않다. 성인도 너무 많은 선택안 앞에서는 망설임이 길어지지 않는가. 따라서 아이에게는 두 개나 세 개의 선택안을 제시해서 그 중 하나를 고르도록 하는 것이 좋다.

이때 주의해야 할 점은 첫째, 부모가 받아들일 수 없는 선택안을 제시해서는 안 되고, 둘째는 일단 아이가 선택한 것은 존중해줘야 한다는 것이다.

가령 "지금 숙제를 하겠니? 아니면 지금은 놀고 저녁에 숙제를 하겠니?"라고 선택권을 주었다면 엄마는 마음속으로 '지금 숙제를 하겠다고 말해'라는 기대를 품고 있어서는 안 된다. '지금은 놀고 밤에 숙제 할래'라고 선택한다고 해서 실망하거나 화를 내서도 안 된다. 엄마 표정에 '어이구, 졸면서 잘도 하겠다' 하는 마음이 슬쩍 비쳐도 아이들은 귀신같이 엄마 마음을 알아차린다.

엄마의 눈치를 살피면서 하는 선택은 아이의 자유의지에 의한 선택이 아니다.

"친구들을 불러서 생일파티를 하고 싶니, 가족여행을 가고 싶니?"
"이번 휴가는 산으로 갈까, 바다로 갈까?"
"간식을 먹고 숙제를 할래, 숙제하면서 간식을 먹을래?"

선택한 것에 책임지게 하라

선택과 결정은 비슷한 것 같지만, 책임감의 무게에서는 확연한 차이가 있다. '선택'은 단지 호불호를 나타내는 경우가 대부분이지만 '결정'에는 책임이 뒤따른다.

'이번 휴가를 산으로 갈까, 바다로 갈까?'는 단지 선택일 뿐이다. 하지만 등산을 싫어하는 아이에게 '이번 휴가를 산으로 간다면 설거지 당번에서 너는 제외시켜 줄게. 그런데 정 바다로 가고 싶다면 이번 휴가의 설거지는 네가 담당하는 걸로 하자. 왜냐하면 아빠, 엄마, 동생은 모두 산으로 휴가를 가고 싶거든'이라고 했을 때는 결정이 된다. 선택에 따른 책임이 따르기 때문이다.

딸이 초등학교 4학년에 올라갈 무렵이었다. 그때까지 아이는 영어동화책 읽기 외에는 영어공부를 따로 하지 않고 있었는데, 주변 엄마들이 더 성화였다.

"그러다 후회한다니까요."

"영어학원 안 보내면 중고등학교 가서 따라잡을 수가 없대요."

"초등학교 때 영어를 끝내놔야 중고등학교 가서 수학에 집중할 수 있어요."

주위에서 하도 성화여서 정말로 학원에 보내볼까 하는 마음이 들기 시작했다. 하지만 나 혼자 결정할 수는 없었다. 학원에 다닐 사람은 내가 아니라 딸이니까. 그래서 의견을 물었다.

"서연아, 영어 수업시간에 힘들지 않아?"

"아니."

"그래도 학년이 올라갈수록 영어 문장도 길어지고, 외워야 할 표현도 많아질 텐데. 학원에 가보는 건 어떨까?"

"학원엔 가기 싫은데."

"왜?"

"학원 왔다 갔다 하면서 시간도 많이 뺏기고. 애들 말 들어보니까 학원 선생님들 중에 무서운 선생님이 많대."

딸은 초등학교 1학년 때 피아노학원에서 무서운 원장선생님을 만나 마음고생을 한 적이 있었다. 그래서 학원 선생님에 대한 거부반응이 있는 듯했다. 영어를 집에서 공부할 수 있는 방법이 없느냐고 딸이 되물었다. 나는 방문 학습지를 소개하면서 방문 학습지를 할 경우 스스로 알아서 해야 한다는 것과 영어동화책 낭독하기를 병행해야 한다고 말해준 후에 결정은 스스로 하게 했다.

딸은 곰곰이 생각해본 후에 방문 학습지를 하겠다고 결정했고, 방문 학습지 선생님이 놀랄 정도로 자기주도적으로 학습해 나갔다. 영어동화책 낭독하기도 스스로 알아서 했다.

나중에 주변 엄마들에게 말했더니 이런 대답이 돌아왔다.

"아니, 학원에 갈래 안 갈래를 물어보는 엄마가 어디 있어요? 학원 잡아놓고 '여기 여기 가면 돼'라고 하는 거죠."

많은 아이들이 이렇게 엄마가 만들어놓은 스케줄에 따라 학원에 다닌다. 그런 아이들이 과연 학원에 가서 제대로 공부를 할까 의문이 든다.

결론적으로, 결정이란 선택에 따르는 책임을 스스로 지는 것이고, 자율성을 키우는 데도 꼭 필요한 훈련이다. 이러한 결정의 경험을 통해서 아이는 원인과 결과의 법칙을 좀 더 분명하게 이해할 수 있고, 자신의 결정에 대해 책임지는 법을 배우게 된다.

• 혼자서만 컴퓨터를 하겠다고 형을 밀어내는 동생에게
  "10분씩 형과 돌아가면서 사이좋게 컴퓨터게임을 한다면 앞으로 한 시간 동안 게임을 더할 수 있어. 하지만 계속 그러면 지금 컴퓨터를 꺼야 해. 결정은 네가 하렴."

- 만화영화를 보겠다고 하는 아이에게
"지금 공부를 하고 밤 10시에 네가 좋아하는 드라마를 볼래? 아니면 지금 만화영화를 보는 대신 밤에 공부할래?"

- 엄마는 아이의 건강을 위해 주말에 등산을 가기 바라고, 아이는 친구들과 영화를 보러 가고 싶어할 때
"만약 친구들과 영화를 보러 가고 싶다면 주말까지 매일 100번씩 줄넘기를 하겠다고 약속해주렴. 결정은 물론 네가 해."

"안 돼!"라고 해도 될까?

자율성을 키우는 대화법이라고 해놓고서는 "안 돼!"라니, 앞뒤 말이 안 맞다고 생각하는 사람이 있을 것이다. 하지만 자율성을 올바르게 키워가기 위해서 꼭 필요한 말이 "안 돼!"이다.

아이에게 "안 돼!"라는 말을 절대 하지 않는다는 엄마를 만난 적이 있다.

이유는 아이의 기를 살려주기 위해서라고 했다. 그런데 다섯 살짜리 아이는 해도 되는 것과 안 되는 것을 잘 모를 수밖에 없다. 한 번은 식당에서 같이 식사를 하는데 아이가 어찌나 우당탕탕 뛰어다니는지 밥이 입으로 들어가는지 코로 들어가는지 알 수가 없을 정도였다. 그래서 "애 밥 먹여야 하잖아? 저렇게 뛰어다니면 다른 손님들 식사하는 데 방해될 텐데"라고 했더니, "제가 먹으라고 한다고 먹나요? 그냥 두세요. 손님도 별로 없잖아요"라는 대답이 돌아왔다.

그렇게 뛰어다니던 아이가 옆 테이블을 치는 바람에 반찬그릇이 와르르 쏟아졌다. 손님이 자리를 뜬 뒤여서 천만다행이었지만, 반찬국물에 방석이 다 젖고 엉망이었다. 아이 엄마는 얼른 반찬을 주워담으며 종업원들에게 연신 미안하다고 했지만, 자기 아이에게는 끝내 "안 돼!"라고 말하지 않았다.

물론 "안 돼!"라는 말이 결코 좋은 말은 아니다. 이왕이면 "그래, 한번 해보렴"이라고 말해주는 것이 아이의 자율성 발달에 좋을 것이다. 그렇다고 해서 "안 돼!"라는 말을 아예 사용하지 말아야 하는 것은 아니다.

아이들 그림책 가운데 《안 돼, 데이빗》이라는 책이 있다. 이 책의 주인공 데이빗은 끊임없이 문제를 일으킨다. 못 먹게 높은 곳에 올려놓은 과자 꺼내 먹기, 온몸에 진흙 묻히고 집 안 돌아다니기, 목욕탕 안에서 첨벙거리며 놀기, 음식 갖고 장난하기……. 그때마다 엄마는 "안 돼, 데이빗!"이라고 외친다.

내용만 보면 아이 교육용으로 엄마들이 좋아할 것 같지만, 아이들도 이 책을 무척 좋아한다. 그 이유는 '나만 혼나는 게 아니구나' 하는 동질감과 '스스로의 내적 성장' 때문이다.

인간은 성장하는 것을 좋아한다. 유치한 상태로 영원히 머물고 싶어하는 아이는 없다. '아, 나는 데이빗처럼 해서는 안 되겠구나' 하는 깨달음 속에서 아이들은 내적으로 성숙해지고 즐거워한다.

아이의 올바른 성장을 돕고 싶다면 "안 돼!"라고 말해야 하는 상황에서 단호하게 "안 돼!"라고 말해야 한다. 그리고 이유를 설명할 때 되도록 간결하고 일목요연하게 말해서 반박의 여지를 주지 않는 게 좋다.

아이 : 엄마, 나도 닌텐도 갖고 싶어.

엄마 : 안 돼!

아이 : 왜 안 돼?

엄마 : 첫째, 어린이가 장난감으로 갖고 놀기에는 지나치게 가격이 높기 때문이고, 둘째, 그렇잖아도 나쁜 눈이 더 나빠지기 때문이고, 셋째, 시간을 많이 뺏기기 때문이야.

아이 : 그래도 내 친구들은 많이 갖고 있단 말이야.

엄마 : 엄마가 한 번 안 된다고 했으면 안 되는 거야!

자존감을
키워주는
대화법

다음과 같은 상황에서 내 아이는 어떤 선택을 할까?

• 힘든 상황에 부딪쳤을 때

① 난 포기할래. ② 까짓, 한번 부딪혀보지 뭐.

• 새로운 일에 도전해야 하는 상황에서

① 난 안 할래. ② 재미있겠다. 한번 해봐야지.

• 시험 성적이 기대만큼 나오지 않았을 때

① 역시 난 안 돼. ② 다음 시험준비는 좀 더 철저히 해야겠어.

당신의 아이는 ①번처럼 주눅 드는 아이인가, ②번처럼 자신감이 넘치는 아이인가?

자존감은 자기 자신을 긍정적이고 가치 있는 사람으로 받아들이는 정도를 말한다. 그래서 자존감이 높으면 자신을 유능하고 가치 있는 존재로 받아들이기 때문에 자신감과 자긍심도 높다.

수많은 연구와 실험에 따르면, 자존감은 행동, 감정, 동기, 성취 및 인간관계 등 거의 모든 영역에 영향을 미친다. 그래서 자존감이 높은 아이들은 대체로 학업성적이 우수할 뿐만 아니라 친구도 많고 새로운 과제가 주어졌을 때 긍정적인 확신을 가지고 과제에 임한다. 또 자기 안에 있는 힘을 잘 알고 있어서 어떤 어려움이 닥쳐도 꿈을 잃지 않고, 미래를 설계한다. 자존감이 행복 에너지인 이유가 바로 여기에 있다.

아이가 행복하기를 원하는가? 공부 잘하는 아이로 키우고 싶은가? 항상 긍정적이며 밝게 웃는 아이였으면 싶은가? 타인을 배려하는 아이가 되기를 바라는가? 도전 앞에서 주저하지 않고 자기 자신을 소중히 여길 줄 아는 아이로 자라기를 바라는가?

그렇다면 먼저 내 아이의 '자존감'부터 살펴야 한다.

자기중심적인 아이 vs. 자존감이 높은 아이

미국의 심리학자인 에이브러햄 매슬로는 인간의 욕구를 5단계로 분류했다. 1단계와 2단계는 생리적 욕구와 안전에 대한 욕구이다. 3단계는 애정과 소속에 대한 욕구이며, 4단계는 자기존중의 욕구이다. 그리고 최고 수준인 마지막 5단계는 자신의 재능과 잠재력을 발휘해 이룰 수 있는 모든 것을 성취하려는 자아실현의 욕구이다.

매슬로는 욕구란 행동을 일으키는 동기요인으로, 하위단계의 욕구가 충족되어야 그 다음 단계의 욕구가 발생한다고 보았다. 다시 말하면 아이가 자아실현의 욕구를 가지고 자신의 재능과 잠재력을 충분히 발휘하기를 원한다면 부모는 먼저 자기존중의 욕구를 채워주어야 하고, 애정과 소속에 대한 욕구를 충족시켜야 한다는 것이다.

그렇다면 아이의 자존감에 가장 큰 영향을 미치는 사람은 누구일까? 바로 당신, 부모이다.

아이의 자존감은 초등학교를 졸업할 무렵이면 대체로 굳어진다. 따라서 그때까지는 긍정적이고 호의적인 느낌을 받으며 자라는 게 좋다.

"넌 누굴 닮아서 그러니?"

"네가 하는 일이 다 그렇지 별 수 있어?"

"형 좀 닮아라."

"말 같지도 않은 소리 좀 하지 마."

이런 말을 듣고 자란 아이와 "넌 할 수 있어", "오, 멋진 생각인데!", "그래, 네가 원하는 것을 한번 해봐" 이런 말을 듣고 자란 아이 중에 누가 더 자존감이 높겠는가?

자존감을 높이는 대화법에 대해 알아보기 전에 자존감과 자기중심적 행동의 차이를 짚고 넘어가자. 그 차이를 혼동하는 부모들이 의외로 많기 때문이다. 아이의 기를 죽이지 않겠다며 아이가 하자는 대로 해주는 부모들, 상황이나 주변사람을 고려하지 않고 할 말 다하는 아이를 보고 자기주장이 분명해서 좋다고 오해하는 부모들, 어느 자리에서건 자기가 중심이 되어야 직성이 풀리는 아이를 두고 자존심이 강한 아이라고 착각하는 부모들이 너무나 많다.

자기중심적 행동을 하는 아이들은 자기가 주요 인물이며 특별한 대우를 받아야 한다고 생각하고 그것을 그대로 드러내는 특징이 있다. 이런 아이들은 다른 사람의 감정에 잘 공감하지 못하고 자신의 이익을 위해 다른 사람을 이용하려는 행동 양상을 보인다.

하지만 자존감이 높은 아이들은 자기중심적으로 행동하는 아이와 오히려 정반대의 특징을 지닌다. 자존감이 높은 아이들은 다른 사람의 애정과 관심을 강요하거나 구걸하지 않는다. 자기 스스로 이미 가치 있는 사람이라고 확신하고 있기 때문이다. 또한 자존감이 높은 아이들은 공감능력이 높고, 자기 자신을 사랑하는 마음을 갖고 있으며, 심성이 따뜻하다.

아이가 지나치게 다른 사람의 시선을 의식하거나, 관심과 애정을 얻기 위해 안달한다면, 또 질투심 때문에 자주 화를 낸다면 부모의 양육방식과 아이의 자존감을 돌아봐야 할 것이다.

자존감을 높이는 칭찬 기술

《칭찬은 고래도 춤추게 한다》는 책이 있다. 읽어보지는 않았더라도 제목은 한 번쯤 들어봤을 것이다. 많은 부모들이 '칭찬'이 중요하다는 것은 잘 알고 있다. 그런데 칭찬의 원래 목적을 모르는 사람이 많은 것 같다. 칭찬이 중요한 이유는 올바른 행동의 강화뿐만 아니라 자존감을 높이는 데 있다.

자존감 검사를 개발한 쿠퍼스미스는 자존감이란 개인이 자신을 유능하고 중요하며 성공적이고 가치있다고 생각하는 것이라고 정의했다. 그리고 자존감을 높이는 주요 요인 가운데 하나로 타인으로부터 받은 존경심과 수용, 대우를 꼽았다.

아이에게 가장 중요한 타인은 두말할 것도 없이 부모이다. 따라서 아이에게 부모의 칭찬은 중요한 타인이 자신을 인정한다는 가장 확실한 경험이 된다.

그런데 칭찬이 전하는 가치를 잘 안다고 하더라도 제대로 칭찬하는 것은 의외로 어렵다. 칭찬의 효과를 믿고 나름대로 노력했는데 별로 달라지지 않는 아이의 모습에 절망스럽다는 부모도 많다. 그렇다면 어떻게 칭찬해야 아이를 춤추게 만들 수 있을까?

여기서는 자존감을 높이는 칭찬법에 대해 알아보도록 한다.

첫째, 구체적으로 칭찬하자. 물론 때때로 "우리 딸 최고야!" 같은 맹목적인 칭찬도 필요하다. 하지만 칭찬을 통해 아이의 행동변화를 이끌어내고 싶다면 "와~ 우리 현지랑 현수 싸우지도 않고 잘 노네. 사이좋은 아들딸을 보고 있으니까 엄마가 행복한걸"처럼 구체적인 행동을 칭찬해야 한다. 그래야 아이들도 어떤 행동을 했을 때 부모가 기뻐하는지를 파악할 수 있고 다음에도 같은 행동을 할 수 있다.

둘째, 행동에 대한 칭찬을 하고 나서는 엄마의 느낌과 기분을 덧붙여주자. 앞선 예에서 "와, 우리 현지랑 현수 싸우지도 않고 잘 노네. 정말 착하다!"보다는 "사이좋은 아들딸을 보고 있으니까 엄마가 행복한걸"이라고 말할 때 아이도 엄마의 감정에 공감하게 된다.

셋째, 가급적 바로 칭찬하자. 누나와 동생이 사이좋게 잘 놀고 있는 그 상황에서 곧바로 칭찬하는 것과 몇 시간 지나서 칭찬하는 것은 받아들이는 느낌이 다르다.

넷째, 부모의 기대치를 낮추자. 부모는 아이의 행동을 어른인 자신의 기준으로 바라보려는 경향이 있다. 그러면 칭찬할 일이 없는 게 당연하다. 아이의 행동을 잘 살펴서 사소한 것이라도 칭찬해주자. 이런 칭찬을 받고 자란 아이는 스스로를 가치 있는 사람이라고 생각하게 된다.

애정은 '충분히', 꾸짖을 때는 '제대로'

'은자동아 금자동아 세상천지 으뜸동아. 은을 주면 너를 사며 금을 주면 너를 살까……'

천재 음악가 모차르트의 자장가보다 나는 우리의 전통 자장가가 더 큰 의미를 담고 있다고 생각한다. 은처럼 귀하고 금처럼 귀하며 커서는 세상에서 으뜸이 되기를 바라는 부모의 간절한 마음과 기원이 고스란히 담겨있기 때문이다.

세상의 모든 부모에게 아이는 은자동이며 금자동이다. 그런데 안타깝게도 많은 부모들이 그 마음을 잔소리나 훈계로 표현할 때가 많다. 물론 자식이 올곧게 자라기를 바라는 마음에서 하는 말이겠지만, 잔소리나 훈계만 가지고는 아이의 마음에 자존감을 심어줄 수 없다.

물론 엄격할 때는 엄격해야 한다. 잔소리는 되도록 안 하는 것이 좋지만, 훈계는 꼭 필요한 교육법이다. 그러나 아이에게 애정을 표현할 때는 닭살 부모가 될 필요가 있다. 연애를 할 때 상대에게 자신의 마음을 전달하기 위해 안달하듯이 말이다.

딸이 힘들어 보일 때 나는 아이를 꼭 끌어안으며 이렇게 말해준다.

"누가 이렇게 예쁜 아이를 엄마에게 보내주셨을까?"

딸은 내 말에 배시시 웃으며 이렇게 답한다.

"삼신할머니."

"그랬구나. 삼신할머니가 엉덩이 탕 때리면서 저기 너희 엄마 있다 하셨어?"

"응."

"와, 삼신할머니한테 감사해야겠네. 이렇게 예쁜 아이를 엄마한테 보내주셨으니까. 그나저나, 삼신할머니가 엉덩이 탕 때릴 때 생긴 몽고반점이 있나 없나 엄마가 한번 볼까?"

나는 아이 엉덩이를 보려 하고, 아이는 그걸 피하려고 하며 몸장난을 치다 보면 어느새 아이의 얼굴에 환한 웃음이 돌아와 있다.

내가 아이에게 심어주고 싶은 자존감에 따라 그때그때 '예쁜, 씩씩한, 똑똑한, 멋진, 지혜로운' 등으로 말을 바꾸지만, 그래도 매번 똑같은 상황, 똑같은 장난인데도 아이와 나는 지겨운 줄 모르고 이런 대화를 나눈다.

아이가 자잘한 실수를 하고 내 눈치를 보며 "엄마, 지금 내가 한 거 봤지?" 하면 "우리 딸 얼굴 쳐다보기 바빠서 아무것도 못 봤는데, 왜?" 하며 가끔 눈

감아주고, "예쁜 우리 딸, 사랑스러운 우리 딸, 쳐다보기도 아까운 우리 딸, 똘똘한 우리 딸" 등의 말을 시도때도없이 들려준다.

아이는 "아우, 엄마 닭살!" 하며 눈을 흘기지만, 표정은 봄날 햇살처럼 반짝인다.

사랑받고 있다는 것을 느끼는 순간만큼 행복한 일은 없다. 사랑받고 있는 순간만큼 자존감이 높아지는 때도 없다.

다시 한 번 말하지만 무조건 '오냐 오냐' 하라는 것이 아니다. 엄격할 때는 엄격해야 하고, 꾸짖을 때는 제대로 꾸짖어야 한다. 그러나 그 외에는 아이에게 늘 사랑을 말로 표현해주어라. 한때 유행했던 광고 문구처럼, 표현하지 않는 사랑은 사랑이 아니다.

"누가 이렇게 씩씩한 아이를 엄마 아빠에게 보내주셨을까?"
"사랑해, 사랑해, 사랑해. 하늘만큼 땅만큼 우주만큼 사랑해."
"엄마는 너무 행복한 사람이야. 이렇게 멋진 딸(아들)이 있으니까."

자존감은 긍정적인 반응을 먹고 자란다

전문가들은 자존감이 갓난아이 때부터 형성된다고 본다. 기저귀를 갈아주고 젖을 먹이고 등을 토닥이는 등 자신을 돌보는 손길에서 자존감 형성이 시작된다는 것이다. 그렇기 때문에 부모는 아이가 어릴 때부터 꾸준히 긍정적이고 호의적인 느낌을 전해줄 필요가 있다.

조카가 둘 있는데, 두 아이 모두 나만 만나면 온갖 것들을 꺼내놓고 자랑을 한다.

"고모, 이거 내가 그린 거예요."

"고모, 나 오늘 밥 많이 먹었어요."

"이모, 나 오늘 미끄럼틀 탔는데 하나도 안 무서웠어요."

"이모, 이 인형 옷 내가 입혔어요."

자랑거리는 끝이 없다. 아이들이 이처럼 자기 자랑을 늘어놓는 이유는 바로 자존감을 형성해가는 과정에 있기 때문이다. 이때 우리가 보여주는 긍정적인 반응은 아이가 자신의 가치를 확인해가는 과정이 된다.

아이가 부모의 사랑을 먹고 자라듯이, 자존감은 부모의 긍정적인 반응을 먹고 커간다.

"넌 몇 살인데 아직 신발도 혼자 못 신니? 신발의 좌우가 바뀌었잖아."

"칠칠치 못하게, 밥 먹을 때 밥풀 좀 흘리지 마."

"딸내미가 아빠 닮아서 큰일이다."

부모는 별 뜻 없이 내뱉은 말이라도 이런 말을 자꾸 듣다 보면 아이는 자신에 대해 부정적인 생각을 갖게 된다.

세상에 장점이 없는 아이는 없다. 아이의 자존감을 키워주고 싶다면 지금부터라도 아이의 장점을 자꾸 일깨워주자. 긍정적인 신호를 많이 받은 아이들은 그 평가를 토대로 자신의 이미지를 긍정적으로 만들어갈 것이다.

아주 사소한 것이라도 괜찮다. 부모는 그 사소한 것을 찾아내는 눈을 가져야만 한다.

"우리 딸은 웃는 얼굴이 너무 예뻐."
"밥을 잘 먹어서 우리 아들 쑥쑥 컸네."
"우리 딸은 호기심 덩어리네. 에디슨이 울고 가겠는걸!"

내면의 소리에 귀 기울이게 하라

하루는 학교에서 돌아온 아이 표정이 영 심상찮았다. 금방이라도 눈물을 떨어뜨릴 것 같았다.

방송시간에 맞춰 출근하려면 아이가 학교에서 돌아오자마자 나서야 하는데, 그 표정을 보고는 도저히 발길이 떨어지지 않았다.

"서연아, 무슨 일 있니?"

딸은 자기 방문을 닫고 들어가며 이렇게 말했다.

"엄마, 미안한데 나 잠깐만 혼자 있을게."

나는 시계를 쳐다보며 아이 방문 앞을 서성였다.

"서연아, 엄마 들어가도 될까?"

"조금만 더 혼자 있고 싶어."

아이 목소리에 울음기가 배어 있었다. 나는 당장이라도 문을 열고 들어가고 싶었지만 꾹꾹 참고 5분을 더 기다렸다.

"서연아, 엄마 들어가도 될까?"

별다른 말이 없기에 나는 방문을 열고 들어가 침대 가장자리에 걸터앉았다. 아이는 이미 눈물을 닦고 침대 등받이에 기대 앉아있었다.

"이제 좀 괜찮아졌어?"

"응. 괜찮아."

"학교에서 무슨 일 있었어?"

"엄마 방송국 안 가?"

"한 10분쯤 시간 있어."

요즘도 학교 선생님들이 학급 회장단에게 떠드는 아이 이름을 칠판에 적게 하는 경우가 있는데, 그 과정에서 조금 말썽이 생겼던 모양이었다. 칠판에 이름이 적힌 아이 하나가 하굣길에 딸에게 '잘난척쟁이'라고 놀렸다고 했다.

"우리 딸, 많이 속상했겠구나."

"응. 많이 많이 속상했는데 이젠 괜찮아. 걔가 뭐라든 나는 잘난척쟁이가 아니니까."

그러면서 딸이 피식 웃었다. 나는 딸을 꼭 껴안고 등을 토닥여주었다.

"우리 서연이가 어느새 이렇게 컸구나. 자기 내면의 소리를 들을 수 있을 만큼."

"내면의 소리가 뭐야?"

"내면의 소리란 자기 마음속에서 울려나오는 소리야. 방금 전에 서연이가 자신에게 '나는 과연 잘난척쟁이인가?'를 묻고 '난 잘난척쟁이가 아니야'라는 결론을 스스로 내렸지? 그게 바로 내면의 소리에 귀 기울인다는 거야. 누가 뭐라고 하든 자신이 자기를 어떻게 보느냐가 가장 중요해. 세상 모든 사람들이 서연이가 듣기 좋은 말만 해줄 수는 없어. 그럴 때 다른 사람의 말보다 자기 내면의 말을 더 소중하게 생각하는 사람이 성숙한 사람이란다."

철학은 '나는 누구인가?'라는 질문에서 시작된다고 한다. 아이들은 물론이고 어른들도 '나는 누구인가?'라는 질문에 수도 없이 시달린다. 이때 다른 사람이 하는 말보다 자기 내면의 말을 더 소중하게 생각할 수 있도록 부모가 이끌어주어야 한다.

무력감이나 불안감에 시달리며 그것을 회피하기 위해 쾌락이나 환락에 의존하고, 친구의 압력에 쉽게 굴복해 나쁜 길로 들어서며, 다른 사람을 위해 아무 의미도 없는 희생을 감수하는 사람들이 얼마나 많은가? 이 모든 것들이 자기 내면의 진정한 힘을 깨닫지 못했기 때문에 일어난다.

내면의 소리에 귀 기울일 줄 알고 그 힘을 깨달은 아이들은 자율성, 독립성, 자신감, 안정감 등 인생의 행복과 직결되는 강력한 힘을 갖게 된다.

"누가 뭐라고 하든 네 자신이 너를 어떻게 생각하느냐가 가장 중요하단다."

"너 자신에게 한번 물어보렴, 뭐라고 하는지. 네 마음속에서 울려나오는 소리가 뭔지 가만히 생각해보는 게 자신에게 물어보는 거고, 그 소리가 바로 내면의 소리란다."

부모의 믿음은 아이의 에너지원이다

내면의 힘이 강한 아이라도 때때로 '회의감'이라는 괴물과 맞닥뜨리게 된다.

'내가 정말 올바로 가고 있는가? 올바른 판단과 선택을 했는가? 나는 믿을 만한 사람인가? 겁이 나서 도전을 피하고 있는 것은 아닌가? 내가 잘할 수 있을까?'

이런 질문 앞에서 흔들리지 않도록 잡아주는 힘, 그것이 바로 부모의 '믿음'이다.

나의 딸은 새로운 일에 도전해야 하는 상황에서 크게 주저하지 않는 편이다. 게다가 뭘 하든 잘해야겠다는 욕심 또한 크다. 그래서 애면글면하면서 스스로 속을 끓이는 때가 많다.

태권도 1품 심사와 학기말 시험이 겹쳤을 때였다. 시험공부를 하면서 품새 연습까지 하느라 딸의 입술이 부르틀 지경이었다. 태권도장에서도 1품 심사를 앞두고 있어서 맹렬하게 연습을 시키는 모양이었다.

보다 못한 내가 1품 심사는 두 달 뒤에 또 있으니 그때 심사를 보는 게 어떻겠냐고 했지만, 딸은 이번에 꼭 1품을 딸 거라고 고집을 부렸다.

그러던 어느 날 태권도장에 갔다가 집 현관문을 열고 들어서던 아이가 갑자기 닭똥 같은 눈물을 뚝뚝 떨어뜨렸다.

"서연아, 왜 그래? 무슨 일 있었어?"

깜짝 놀라 달려가 안았더니, 아이가 내 품에 머리를 기대며 이러는 게 아닌가?

"집에서 분명히 연습해서 갔는데, 태권도장에 가니까 품새가 잘 기억나지 않잖아."

"그래서 사범님께 혼났어?"

"아니, 그건 아닌데…… 너무 속상해. 난 머리가 나쁜가 봐. 어제 공부하면서도 쉴 때마다 품새 연습했는데."

아이는 50분 공부하고 10분 쉬는 공부습관을 갖고 있는데, 시험공부하면서 10분 쉴 때에도 쉬지 않고 품새를 연습했던 것이다.

'이렇게까지 속을 끓이면서 왜 이번에 꼭 보려는 걸까? 왜 이렇게 스스로를 들볶으면서 사나.'

아이가 애처로워서 나마저 눈물이 핑 돌았다.

"서연아, 이번에 1품 심사를 꼭 봐야겠니?"

"응."

"이렇게 힘들어 하면서도?"

"그래도 이번에 꼭 볼 테야. 그러고 싶어."

"좋아, 그럼. 너 자신을 한번 믿어봐. 엄마가 널 믿는 것처럼."

"엄마는 내가 잘할 수 있을 거라고 믿어?"

"그~럼, 우리 딸은 뭐든 열심히 하는 아이잖아. 끈기도 있고, 참을성도 많고, 끝까지 최선을 다할 줄도 알고. 엄마는 우리 딸의 그런 점이 정말 믿음직스러운걸."

아이는 눈물을 닦으며 해사하게 웃었다.

부모의 믿음만큼 자녀에게 강력한 에너지원은 없다. 아이에게 당신의 믿음을 전해줘라. 마음속으로만 믿지 말고, 믿고 있다고 직접 말해줘라.

"아빠 엄마는 너를 믿어."

"너는 옳은 선택을 할 때가 그렇지 않을 때보다 훨씬 더 많은 아이야. 이번에도 너의 선택을 믿는단다."

"너, 일신우일신(日新又日新)이라는 말 아니? 날마다 더 나아진다는 뜻인데, 너도 그런 아이란다. 너는 지금보다 나중이 더 기대되는 아이야."

꾸짖을 때 필요한 몇 가지 기술

아이를 키우다 보면 꾸짖을 일이 하루에도 열댓 번씩 일어난다. 아이가 잘 못할 때마다 "너 그러다 맞는다"라고 위협하기도 하고, 끝도 없이 잔소리를 늘어놓기도 하고, 때로는 체벌을 가하기도 한다. 그래서 애들과 실랑이를 하다 보면 밤에는 목이 다 쉰다는 엄마들도 있다.

그런데 이런 위협과 잔소리, 체벌이 일시적으로는 효과가 있을지 몰라도, 근본적인 문제까지 해결하지는 못한다. 오히려 아이들이 사춘기에 접어들거나 부모의 통제권에서 벗어나는 공간에서 더 큰 문제를 일으킬 수 있다. 그래서 꾸짖을 때도 아이의 자존감을 해치지 않는 범위 내에서 좀 더 지혜롭게 꾸짖을 필요가 있다.

우선, 아이를 꾸짖는 목적이 무엇인지를 생각해보아야 한다. 부모의 말을 잘 듣게 하기 위해서인지, 아이가 자신의 잘못을 반성하고 행동을 개선하도록 하기 위해서인지 말이다.

아이를 위해 꾸짖을 필요가 있다고 판단이 섰다면, 첫째 아이의 잘못된 행동을 구체적으로 지적하고 꾸짖는 시간을 가능한 짧게 하자.

둘째, "너는 왜 늘 그 모양이야?", "커서 뭐가 되려고 그러니?" 등 인격을 모욕하는 잔소리를 덧붙이지 말자.

셋째, 아이의 잘못된 행동 때문에 부모의 기분이 어떤지 정확하게 말해주자.

넷째, 이 부분이 꾸지람의 핵심이라고 할 수 있는데, 아이에게 반성할 시간을 준 후에 반드시 아이를 다독거려준다. 부모가 자녀를 꾸짖는 이유는 아이가 잘못을 반성하고 이후에는 스스로 현명한 선택을 할 수 있도록 도와주기 위해서지, '너는 쓸모없는 아이야'라는 메시지를 전달하려는 게 아니다. 그러므로 꾸짖음을 마무리할 때 '너는 바른 아이야. 너는 좋은 아이야. 엄마(아빠)는 너를 사랑해'라는 메시지를 전달해서 아이의 자존감을 지켜줘야 한다.

엄마 : 너는 오늘 엄마가 오기 전에 숙제를 다 해놓겠다는 약속을 어기고 컴퓨터게임만 했어. 엄마 지금 몹시 화났어.

아이 : …….

엄마 : 너의 행동에 대해 너는 어떻게 생각하니?

아이 : 잘못했어요. 앞으로는 꼭 숙제를 먼저 할게요.

엄마 : (아이를 안고 등을 토닥여주며) 그래. 오늘 너의 행동은 잘못된 것이지만, 그래도 엄마는 네가 옳은 선택을 할 때가 더 많다는 것을 알고 있어. 너는 지혜로운 아이란다. 사랑해."

창의력을
키워주는
대화법

'물고기를 잡아주지 말고 물고기 잡는 방법을 가르쳐라'는 말이 있다. 하지만 요즘은 여기서 한 발 더 나아간다.

"물고기 잡는 법을 가르치지 말고 바다를 상상하게 하라."

사회는 창의적인 인재를 원한다. 정보가 홍수를 이루는 시대에 얻을 수 있는 지식의 양은 누구나 엇비슷하다. 따라서 그 정보를 수집하고 선택하고 변경하고 확장하고 재창조해서 통합적으로 응용하는 것이 더 큰 관건이다. 이때 창의성은 정보를 통합하고 응용하는 중요한 능력이다.

하지만 현재의 부모 세대는 학창시절 창의력 교육을 제대로 받아보지 못했다. 그래서 창의력이라고 하면 어렵고 막연하다고 말한다.

부 모 의 열 린 마 음 이 창 의 력 을 키 운 다

"엄마, 백 원짜리 열 개가 모이면 왜 천 원이야? 팔백 원 구백 원 그 다음엔 십백 원이잖아!"

"산타할아버지는 왜 우리처럼 자동차를 타지 않고 썰매를 타고 다녀?"

아이들이 하는 말들은 때론 황당하고 엉뚱하지만 그 기발한 발상만큼은 어른들이 따라갈 재간이 없다. 평생 동안 어린이의 말을 연구한 러시아의 아동문학가 코르네이 추콥스키는 "아이들은 모두 언어의 천재성을 갖고 있다"라고 말했다.

하지만 이런 엉뚱하고 기발한 말들이 곧 창의력으로 연결되는 것은 아니다. 창의력에는 기발하고 엉뚱한 아이디어뿐만 아니라 다양한 요소들이 결합되어 있기 때문이다.

세계영재학회 회장인 독일 하노버 대학교의 클라우스 우어반 교수는 창의성의 구성요소로 6가지를 꼽았다. 독창성과 융통성 등의 확산적 사고력, 지적 능력, 특정 분야에 대한 지식과 기술, 집중력과 끈기, 호기심과 의사소통능력, 위험에 대한 대처능력과 유머감각 등이 그것이다. 흔히 IQ라고 말하는 인지적 영역과 EQ의 정서적 영역을 모두 통합한 것이 창의력인 셈이다. 자녀의 창의성을 키워주기 위해서는 이러한 여러 구성요소들이 골고루 발전할 수 있도록 도와줘야 한다.

창의성 전문가들은 만 3세부터 창의력이 키워지기 시작해서 만 7세를 전후해 그 변화가 가장 크다고 말한다. 특히 12세 이후로는 거의 변화가 없다고 하는데, 이것이 창의성 교육이 유아기와 초등학교 시절에 집중되어야 하는 이유이기도 하다.

더구나 유아기의 아이들은 그야말로 창의성의 보고라고 말한다. 무심코 내뱉는 말 한마디가 한 편의 시가 되고, 의자 하나를 놓고도 온갖 것을 만들어내면서 신나게 노는 게 아이들이다.

창의성이라고는 좀체 찾아볼 수 없는 어른들이 이런 아이들에게 창의성 교육을 한다는 것 자체가 어쩌면 어불성설이다. 그러므로 어른들은 다만 창의성의 싹이 말라 죽지 않고, 무럭무럭 잘 자랄 수 있도록 옆에서 조금만 보조를 맞춰주는 것으로 만족해야 한다.

"말도 안 되는 소리 좀 그만해! 넌 어떻게 된 애가 매번 그렇게 엉뚱한 소리만 하니?"

"의자는 앉으라고 있는 거야. 바닥 긁히니까 의자 좀 가만히 놔둬!"

이런 말로 면박을 주거나 지속적으로 무시한다면 아이가 키우고 있는 창의력의 싹은 바짝 말라죽고 말 것이다.

지난 2009년 세계학생 창의력올림피아드에 한국대표로 출전해 사상 처음으로 우승을 차지한 서울 계성초등학교 '하모니팀'의 박상민 지도교사는 언론과의 인터뷰에서 이렇게 말했다.

"학생들의 창의력 계발을 위한 특별한 무엇이 있는 게 아니다. 학생들의 엉뚱한 질문과 때로는 황당한 답변에 대해서도 수용하고 이해하는 교사의 열린 마음이 가장 중요하다."

가정에서도 이것은 마찬가지다.

" 너 는 왜 그 렇 게 생 각 하 니 ? "

아이들은 어휘량이 늘어나면서 어른들이 상상할 수 없을 만큼 생각의 틀이 커진다. 더구나 정해진 기준이나 틀이 없기 때문에 자유로운 상상이 가능하다. 이 과정에서 창의력이 함께 자란다. 이때 부모가 해줘야 할 창의성 교육의 시작이 바로 대화이고, 가장 좋은 방법이 '질문하기'이다.

'그렇잖아도 질문이 많아서 머리가 아픈데, 질문을 더하라는 말이에요?'

이렇게 묻는 부모가 있을 수 있다. 애들의 질문이라는 게 워낙 엉뚱하다 보니 어떻게 대답해야 할지 막막할 때가 종종 있다. 그러나 아이의 질문에 답변만 하는 것은 지식을 주입시킬 수는 있어도 창의력을 키우는 데는 별 도움이 안 된다.

소크라테스는 '대화란 상대방의 이성에 점화하는 활동'이라고 했다. 그리고 대화법이라는 독특한 교수법을 개발해냈는데, 그 핵심이 '질문'이었다. 그것은 집중적인 질문을 통해 학생이 자신의 생각에 대해 새로운 안목을 갖도록 하는 방법이었다.

'너는 왜 그렇게 생각하니?' 같은 질문은 아이의 생각을 유도한다. 물론 아이에게 가능하면 친숙한 문제에 대해 질문하고, 어떤 대답을 하든 자유롭게 말할 수 있는 허용적인 분위기를 조성하는 것은 기본이다.

이러한 질문하기는 아이가 먼저 질문해왔을 때도 똑같이 적용된다.

"엄마, 얼음이 녹으면 왜 물이 돼요?"라고 물었을 때 아이의 사고수준이나 능력에 맞춰서 대답을 해주는 데서 그치는 것이 아니라 "그렇다면 눈이 녹으면 어떻게 될까? 사탕이 녹으면 어떻게 될까? 드라이아이스가 녹으면 어떻게 될까?", "얼음이 녹으면 물이 되는데, 드라이아이스가 녹으면 왜 기체가 될까?"처럼 계속해서 질문을 던져주면 아이의 사고의 폭은 급속도로 넓어진다.

홈스쿨링만으로 열다섯 살과 열 살 남매를 미국의 유명 대학에 입학시킨 평범한 주부 진경혜 씨는 아이의 창의성을 키워주기 위해 어떤 일이든 '최상의 해답은 없다'는 태도를 취했다고 한다. 그리고 꼬리에 꼬리를 무는 질문을 반복하고 아이에게 상상력과 창의성을 총동원해 문제를 해결하도록 유도했다고 한다. 아이의 창의성을 키워주고 싶은 부모라면 귀담아들을 말이다.

"백설공주가 사과를 먹지 않았다면 어떻게 되었을까?"
"지금 우리가 쓰고 있는 물컵 말고 다른 모양으로 물컵을 만들 수는 없을까?"
"환경오염 때문에 꿀벌이 점점 줄어들고 있다는데, 만약 꿀벌이 없으면 무슨 일이 벌어질까?"

창의력을 키워주는 '만약 ~라면' 놀이

책이 출판되기가 무섭게 전 세계로 번역되어 수천만 부씩 팔려나가는 초대형 베스트셀러 작가인 스티븐 킹은 자기 작품의 대부분이 '만약 ~라면'에서 출발했다고 고백했다.

'만약 흡혈귀들이 뉴잉글랜드의 어느 작은 마을을 습격한다면?'이라는 질문에서 《세일럼스 롯》이 탄생했고, '만약 예전에 남편을 죽였다고 의심을 받았지만 무사히 풀려났던 청소부가 억울하게 집주인을 죽였다는 의심을 받게 된다면?'이라는 생각에서 《돌로레스 클레이본》이라는 책이 시작되었다. '만약 젊은 엄마와 그 아들이 미친 개에게 쫓겨 고장 난 자동차 안에 갇힌다면?', '만약 세상에 종말이 온다면?' 등등 문득 머리에 떠올랐던 생각들을 흥미진진하게 엮어간 것이 베스트셀러가 되었다는 것이다.

독일의 대문호인 괴테를 길러낸 어머니의 독서지도법도 '만약 ~라면'의 변형이라고 할 수 있다. 괴테가 어렸을 때 그의 어머니는 잠자리에서 책을 읽어주었는데, 꼭 결론만 남겨둔 상황에서 책을 덮었다고 한다. 그러면서 "이 다음은 어떻게 되었을까? 네가 이야기를 완성해보렴"이라고 했다는 것이다. 이것 역시 "만약 네가 작가라면 이 이야기를 어떻게 끝내겠니?"라고 물어보는 창의성 교육이었던 셈이다.

창의적인 아이디어 발상법 가운데 '대체, 결합, 개조, 수정/확대/축소'를 시켜보는 방법이 있다. 이 방법도 '만약 ~라면'이 출발점이다.

'만약 의자를 다른 용도로 쓴다면?', '만약 의자와 식탁을 결합시킨다면?', '만약 의자를 축소시켜본다면? 더 크게 만들어본다면?' 이렇게 생각을 확장시켜 나가는 것이 바로 창의적인 아이디어 발상법이다. 이처럼 '만약 ~라면'이라는 질문법은 아이의 사고력과 창의력을 깊고 넓게 만드는 촉진제가 된다.

아이와 자동차를 타고 장거리 여행을 할 때, 아이와 산책을 할 때, 욕조에 물을 받아놓고 아이와 목욕을 할 때처럼 시간이 조금 여유로울 때 '만약 ~라면'이라는 질문을 던져보자. 재미도 있으면서 창의성 교육이 절로 이루어질 것이다.

엄마 : 차를 오래 탔더니 지루하네. 우리 '만약 ~라면' 놀이 한번 해볼까?

아이 : 그건 어떻게 하는 거야?

엄마 : 음…… 예를 들어 '내가 만약 인어공주라면 내가 인간이 되는 대신 왕자를 인어왕자로 만들었을 것이다'처럼 말해보는 거야.

아이 : 와, 재미있겠다. 내가 먼저 할게. 만약 내가 엄마라면 아이에게 공부하라고 절대 말하지 않고 갖고 싶다는 것은 다 사줄 것이다.

엄마 : 뭐라고?

아이 : 헤헤. 엄마 이건 그냥 게임일 뿐이잖아, 게임!

실수에 너그러운 부모가 되어라

"고무줄 좀 단단하게 감아라. 이렇게 헐겁게 감아서 무동력비행기가 날겠니?"

"너한테 맡겨놓으니, 엄마가 하는 게 편하겠다."

"여기 이렇게 맞추면 되잖아, 퍼즐 하나도 딱딱 못 맞추니?"

이처럼 아이의 실수나 오류를 그냥 지나치지 못하는 엄마들을 자주 본다.

또 아이의 말을 무 자르듯 잘라버리는 경우도 있다. "엄마, 달이 나를 따라와"라고 말하면 "원래 그런 거야"라고 대답하고, "백설공주는 멍청해. 왜 자꾸 문을 열어줘?"라고 물으면 "이 동화의 교훈은 그게 아니라 착하게 살면 복을 받는다는 거야!"라고 가르치는 식이다.

하지만 오류나 실수도 얼마든지 창의력의 바탕이 될 수 있다.

에디슨이 달걀을 품었던 이야기는 다들 알고 있을 것이다. 닭처럼 달걀을 품어서 병아리를 부화시키려고 한다는 에디슨의 말에 엄마가 "그런 멍청한 소리가 어디 있니?"라고 반응했다면 에디슨이 발명가로 자랄 수 있었을까?

항생제 페니실린은 생물학자 플레밍이 실수로 시험 접시에 박테리아균을 담아놓고 휴가를 떠나는 바람에 만들어졌고, 포스트잇은 3M사의 연구원이었던 스펜서 실버가 강력한 접착제를 만들다가 실패해서 탄생하였다.

아이들 또한 실수와 생각의 오류를 겪으면서 성장하고 발전한다. 아이들은 자신의 실수와 오류에 너그러운 부모 밑에서 자랄 때 두려움 없이 자신의 창의성을 밖으로 끄집어낸다.

"그래, 한번 해보렴."

"이 방법은 아닌가 보네. 그럼 다른 방법은 어떤 게 있을까?"

"그렇게 생각해볼 수도 있겠구나."

"네가 해볼 수 있는 방법을 목록으로 만들어볼까?"

유 머 러 스 한   부 모 가   되 어 라

유머와 창의력은 하나의 가지에서 나온 형제라는 말이 있다. 유머와 창의력은 둘 다 서로 다른 요소들을 예상 밖의 방식으로 연결함으로써 새로운 어떤 것을 만들어내기 때문이다. 일상적인 사고의 흐름에서 벗어났을 때 창의적인 발상이 가능하듯이, 기대하는 대답이 아닌 엉뚱한 답을 들었을 때 웃음이 터지는 것이 유머이다. 실제로 코미디언의 유머를 녹음해 들려준 집단이 들려주지 않은 집단보다 창의력 수준이 훨씬 높게 나왔다는 연구사례도 있다.

뿐만 아니라 유머와 창의력 모두 긍정적인 사고에서 출발한다는 공통점도 있다. 이러한 유머와 창의력의 깊은 연관성 때문에 기업체에서도 FUN 경영을 지향한다. 유머가 직원들의 자발성과 창의력을 자극해 생산성 향상으로 이어진다고 보는 것이다.

그렇다면 내 아이의 유머를 키워줄 수 있는 방법은 무엇일까?

물론, 일차적으로 부모가 유머러스한 사람이라면 더없이 좋을 것이다. 딱딱한 가정 분위기에서 자란 아이보다 훨씬 더 유머러스할 가능성이 높다. 하지만 모든 사람이 유머러스할 수는 없다. 솔직히 나 또한 유머에는 자신이 없다. 그래서 실천하고 있는 방법이 아이가 유머를 구사할 때 진심으로, 그리고 크게 웃어주는 것이다. 어떤 이야기라도 상관없고, 아무리 썰렁한 유머라도 개의치 않는다. '네 말이 너무 재미있어. 너는 유머러스한 사람이구나' 하는 느낌을 전달할 수 있도록 최선을 다해 맞장구쳐주고 웃어준다.

　개그맨들에게 가장 힘든 순간이 언제인지를 물었더니, 웃기려고 한 말에 사람들이 시큰둥한 반응을 보일 때라고 대답했다. 아이들도 그렇다. 엄마 아빠를 웃겨주려는 마음으로 어떤 말이나 행동을 했는데, 무덤덤한 반응을 보이면 두 번 다시 하고 싶지 않을 것이다.

　　아이 : 엄마, 내가 재미있는 얘기해줄게요.

　　엄마 : 어떤 얘기일까? 기대되는데……

　　아이 : 깨강정과 우동이 싸웠는데, 우동이 경찰서에 잡혀갔대요.
　　　　　 왜 그랬을까요?

　　엄마 : 글쎄…….

　　아이 : 깨강정이 고소해서.

　　엄마 : 하하하하. 와, 그거 말 되네.

아이 : 그런데 엄마, 나중에 깨강정도 경찰서에 잡혀갔대요. 왜 잡혀갔게요?

엄마 : 음…… 잘 모르겠는데, 왜 잡혀갔어?

아들 : 우동이 불어서.

엄마 : (박수까지 치면서) 우리 아들, 얘기를 참 재미있게 잘하네.

리더십을
키워주는
대화법

우리 속담에 '용의 꼬리보다 닭의 머리가 되라'는 말이 있다. 이왕이면 리더가 되라는 뜻이다. 부모들은 모두 내 아이가 리더로 자라기를 바란다. 그래서 친구 뒤를 졸졸 따라다니며 그 친구가 하라는 대로 하는 아이, 발표를 시키면 기어들어가는 목소리로 대답하는 아이를 보고 있으면 부모는 속이 탄다. 어린이를 대상으로 하는 리더십 캠프가 인기를 끄는 것도 이런 이유 때문일 것이다.

보통 리더십이라고 하면 절대적인 카리스마나 일방적인 주도를 떠올리는 경우가 많다. 그래서 '리더십 있는 아이'라고 하면 학급에서 회장을 맡는 아이, 친구들을 몰고 다니는 아이라고 생각한다. 완전히 틀린 이야기는 아니지만 그렇다고 리더십에 대한 정확한 이해는 아니라는 것이 리더십 전문가들의 의견이다.

부모는 가정의 리더이다

그렇다면 진정한 리더십은 어떤 것일까?

미국 사회의 리더를 키워낸다는 하버드 대학교에서는 리더십을 '도전적인 기회 속에서 비전을 명확히 세워, 현실을 돌파해 나가기 위해 조직과 사회를 동원하는 활동'이라고 정의하고, 훌륭한 리더의 조건으로 인격과 판단력, 직관력을 제시하고 있다.

21세기는 과거와 달리 수평적 사회구조라고 말한다. 이것은 곧 '나를 따르라!'는 말 한마디로 사회를 움직일 수 있는 시대가 아니라는 뜻이며, 또한 각자가 자기 삶의 주인인 시대라는 의미이기도 하다. 따라서 내 아이를 '자기 삶의 주인으로 우뚝 세우는 것'이 바로 21세기형 리더로 키우는 것이라 할 수 있다.

아이들을 21세기형 리더로 키우기 위해서는 학교와 사회의 역할도 중요하지만, 가까이에 있는 부모의 역할이 가장 중요하다. 부모 또한 리더가 되어야 하는 것이다.

그렇다고 '여태 남 앞에 나서본 적 없는 나에게 리더가 되라고? 아이를 리더로 키우겠다는 생각을 접는 게 낫겠네'라며 지레 겁먹을 필요는 없다. 부모는 위치상 이미 가정의 리더이다. 다만, 진정한 리더인가 아닌가 하는 문제만 남아있다.

하버드 대학교에서 정의한 진정한 리더의 역할에 부모의 역할을 대입해보자. 부모는 아이를 올바르고 훌륭한 사람으로 키우고자 하는 비전과 꿈을 갖고 있다. 그 꿈을 아이에게 설명하고 설득해서 부모의 꿈에 아이가 동참할 수 있도록 이끌 수만 있다면 가정의 리더로서 반은 성공한 셈이다. 그 다음으로 부모는 아이를 존중하고, 아이는 부모를 신뢰하며, 대화와 토론, 합의를 통해 비전을 실현하기 위한 합리적인 방향을 설정할 수 있다면 어느 부모나 가정의 훌륭한 리더가 될 수 있다.

지금부터 제시하는 대화법을 통해 부모의 비전과 꿈을 아이에게 전염시켜보자. 그리고 그것이 현실이 되도록 끊임없이 대화하고 토론하고 합의하며 자녀와 함께 비전과 꿈을 향해 나아가자. 아이는 모방의 천재이다. 부모의 리더십을 통해 아이 역시 올바른 리더십을 체득해갈 것이다.

신뢰의 중요성을 일깨워줘라

드라마 '대장금'을 기억할 것이다. 10년여 년 전에 방영된 드라마지만 지금도 관련 프로그램이 만들어질 만큼 큰 성공을 거둔 드라마인데, 방영될 당시에 장금의 스승이었던 한상궁의 리더십이 큰 주목을 받았다.

한 리더십 관련 전문가는 한상궁의 리더십을 크게 세 가지로 나눠 설명했는데, 신뢰의 리더십, 양심의 리더십, 감성의 리더십이 그것이다. 다시 말해 장금에게 믿음을 보여주었고, 편법이나 술수가 아닌 실력으로 승부하고자 하는 올바른 성품을 보여주었으며, 다른 사람에게 감동을 주는 리더십을 보여주었다.

오래된 드라마지만 나는 아직도 한상궁이 장금에게 했던 말을 기억하고 있다.

"네 능력은 뛰어난 것에 있는 것이 아니다. 쉬지 않고 가는 데 있어. 모두가 그만두는 때에 눈을 동그랗게 뜨고 다시 시작하는 것, 너는 얼음 속에 던져져 있어도 꽃을 피우는 꽃씨야."

이런 믿음과 격려, 감동을 보여주는 리더를 따르지 않을 사람은 없을 것이다. 가정에서 부모도 그런 리더가 되어야 한다. 자녀에게 "너를 믿어라"라고 말해줄 수 있는 부모, 목표를 이룬다는 핑계로 편법을 쓰면 안 된다는 것을 모범적인 삶으로 가르쳐주는 부모, 활력 넘치는 에너지와 감성, 따뜻한 마음과 진솔한 사랑으로 감동을 주는 부모가 되어야 한다.

리더십에서 조직원에 대한 리더의 신뢰와 리더에 대한 조직원들의 신뢰는 필수조건이다. 그러므로 내 자녀가 리더로 성장하기를 바란다면 신뢰의 방식을 알려줄 필요가 있다. 이것 또한 훈육이나 일장연설로 가르칠 수 있는 것은 아니다. 일상생활과 대화 속에서 전달되고 체화(體化)되어야 한다.

요즘 학교에서는 다양한 모둠별 수업이 진행된다. 네다섯 명이 모둠활동을 하다 보면 각자의 역량이 발휘되어 잘 운영되는 경우도 있지만, 그 반대의 경우도 많다.

"엄마, 오늘 학교에서 너무 속상했어요."

"왜?"

"미술시간에 우리 마을 만들기 모둠활동을 했는데요. 한 녀석이 자꾸만 자기가 만드는 걸 도와달라잖아요. 어제 역할을 정할 때 내가 분수를 만들겠다고 했거든요. 그때는 자기가 분수를 만들겠다고 큰소리 빵빵 쳐놓고선 이제 와서 어렵대나 뭐라나?"

"그래서 어떻게 했니?"

"내 거 만드는 것도 바쁘다고 했죠 뭐. 결국 걔가 분수를 엉망으로 만드는 바람에 모둠원 모두가 C를 받았어요."

학교에서 돌아온 아이가 이렇게 말했을 때 당신은 어떻게 대답해주겠는가?

① 뭐 그런 녀석이 다 있어? 선생님께 말씀드리지 그랬니?

② 걔 때문에 화가 많이 났겠구나?

③ 많이 속상했겠구나. 그런데 모둠활동을 하는 이유 가운데 하나는 모둠원들끼리 서로 도와가면서 하라는 의미가 큰 거란다. 네가 만들기를 잘하니까, 그 친구도 너한테 도움을 청한 거 아닐까?

깊은 배려와 일관된 자세, 솔선수범은 리더가 조직원들로부터 신뢰를 얻는 최선의 방법이다. 어떤 측면에서는 뛰어난 업무능력보다 이런 자질이 더 중요하다고 할 수 있다. 남을 배려할 줄 알고 어려운 일에도 솔선수범하는 아이는 명목상의 리더가 아니어도 어느새 아이들 사이에서 리더가 되어 있기 마련이다.

자기가 맡은 바 책임을 잘하는 것도 중요하지만 개개인의 조직원들을 하나로 묶어내고 그 힘을 원동력으로 목표를 이뤄냈을 때, 리더에 대한 조직원들의 신뢰가 더 깊어진다는 것을 가르쳐야 한다.

결과보다 과정에 집중하라

편법을 넘어 불법을 저질러서라도 이기고 봐야 한다는 분위기가 팽배한 경쟁사회에서는 양심적인 삶을 살기가 쉽지 않다. 일등만을 맹목적으로 좇는 부모의 욕심 때문에 자녀가 부정행위를 할 수도 있고, 일류 대학만이 목표가 됐을 때는 친구들과 선의의 경쟁을 펼쳐 나가기가 어렵다. 잠깐의 위기를 모면하기 위해 잔꾀를 부리게 되고 거짓말도 서슴지 않게 된다. 하지만 잔꾀와 편법, 때로는 불법을 동원해 위기를 모면하고 정상에 올라선다 하더라도 그 자리가 오래 갈 리는 만무하다.

내 아이가 진정한 리더가 되기를 원한다면 땀과 정성의 소중함을 아는 사람으로 키워야 하며, 그러기 위해서는 부모가 먼저 결과보다 과정에 집중해야 한다.

다른 아이들이 삼사일이면 외울 영어 알파벳을 일주일을 걸려 외웠을 때 "너는 참 끈기가 있구나"라고 말해준다면, 오래 달리기에서 다른 아이보다 한참이나 뒤처져 골인지점에 들어온 아이에게 "너는 의지가 강한 아이구나"라고 머리를 쓰다듬어준다면, 열심히 공부했지만 시험 결과가 좋지 못할 때 "너는 성실한 아이니까, 머잖아 네가 원하는 점수를 받을 수 있을 거야"라고 칭찬해 준다면 아이는 결과보다 과정의 중요성을 깨닫게 될 것이다.

아이가 긍정적인 결과를 가져왔을 때도 마찬가지다. "백점 맞았네. 우리 아들 정말 잘했구나"가 아니라 "계획을 세우고 성실하게 실천하더니 백점을 맞았구나", "예습 복습을 열심히 하더니 시험에서 효과가 있었구나" 등 좋은 결과를 가져온 과정에 초점을 맞추고 칭찬해주어야 한다.

아이들은 이런 대화법을 통해 결과만 중요한 것이 아님을 알게 되고, 정정 당당하게 이기는 법을 깨달아가게 된다.

공감하고 배려하는 마음을 키워줘라

주목받는 리더십 중에 '서번트 리더십'이라는 것이 있다. 3M, 인텔, HP 등을 비롯하여 많은 기업들이 교육훈련 프로그램에 서번트 리더십 워크숍을 포함시키고 있으며, 40년 동안 한국 사회의 정신적 지도자로 추앙받았던 김수환 추기경의 삶 또한 서번트 리더십으로 집약된다.

서번트 리더십은 '섬김의 리더십', '봉사형 리더십' 정도로 해석할 수 있는데, 경영관련 교육전문가인 로버트 그린리프가 소개한 리더십이다. 그린리프는 헤세가 쓴《동방 순례》라는 책에 나오는 레오의 이야기를 통해 서번트 리더십의 개념을 설명했다. 레오는 순례자들을 위해 허드렛일을 하고 식사 준비를 도우며 때때로 지친 순례자들을 위해 악기를 연주해주는 사람이었다. 그런데 어느 날 갑자기 레오가 사라지면서 순례자들이 레오의 소중함을 깨닫고, 그가 순례자들의 진정한 리더였음을 알게 된다는 내용이다. 즉 서번트 리더십이란 레오와 같이 다른 구성원들이 공동의 목표를 이루어나갈 수 있도록 구성원과 공감하고 배려하고 헌신하는 리더십을 가리킨다.

어디를 가나 전통적인 힘의 카리스마로 리더십을 발휘하는 아이들이 있다. 딸이 전교 학생회 임원이었을 때 이런 말을 한 적이 있다.

"엄마, 나는 제대로 된 리더가 못 될 건가 봐. 어떤 애는 말 한마디로 애들을 움직이는데 나는 그렇게 못하거든."

그래서 나는 아이에게 전통적인 힘의 리더십뿐만 아니라 따뜻한 리더십, 섬김의 리더십도 있음을 알려주었다.

세상은 매우 다양화되어서 뛰어난 몇몇 사람들만 눈에 띄는 시대는 지났다. 시쳇말로 요즘 세상은 모두가 잘났다. 이런 때에 전통적인 힘의 리더십은 겉으로는 통할지 몰라도, 조직원들의 내면 깊숙이 자리하지는 못한다.

"학급 회장이라도 한번 해봐야 리더십이 자랄 텐데 애가 나서는 걸 싫어해요", "자기주장은 못하고, 친구들한테 매번 치이기만 하는 것 같아요"라며 속상해하는 엄마들이 주변에 많다. 이것은 전통적인 힘의 카리스마만을 리더의 덕목으로 보기 때문이다.

공감, 배려, 신뢰, 설득력, 유머 가운데 아이가 갖고 있는 장점이 있다면 그 장점을 극대화시키고, 약한 부분은 보완할 수 있도록 도와주자. 친구들을 몰고 다니는 아이가 아니라 이런 장점을 가진 아이가 미래의 진정한 리더가 될 것이다.

리더십을 연습할 기회를 만들어라

• 리더의 역할을 맡겨보자

리더에게는 일을 처음부터 끝까지 꿰뚫어볼 수 있는 통찰력이 필요한데 이것은 경험을 통해 키워진다. 이를 위해 여행이나 가족행사를 준비하고 진행하는 역할을 맡겨보면 좋다. 이때 부모는 보조자의 입장에서 아이를 코칭

해주면 된다.

- 말할 수 있는 기회를 자주 주자

다른 사람 앞에서 자신의 의견을 밝히는 경험은 리더십을 기르는 데 무척 중요하다. 따라서 아이의 의견을 묻고 대답할 기회를 자주 만들어주는 것이 좋다. 아이의 의견이 별로 좋지 않을 때에도 그 의견대로 해보고 결과를 놓고 함께 토론해본다면 아이의 생각하는 힘이 커질 것이다.

- 남의 말을 듣는 훈련을 시켜라

리더는 조직원들의 말을 잘 듣고 그것을 종합해서 모든 조직원들이 따를 수 있는 목표를 만들어내는 사람이다. 그렇기 때문에 경청하는 훈련이 필요하다. 부모가 아이의 말에 경청하는 모범을 보일 때 아이는 더 쉽게 경청의 자세를 배우게 된다.

- 친구와 신나게 어울려 노는 시간을 많이 갖게 하라

아이들은 놀면서 큰다는 말이 있다. 아이들은 친구들과 어울리는 단체놀이를 통해 사회성을 키우고, 양보와 타협의 방법을 배우며, 리더의 역할을 익히게 된다.

도덕성을
키워주는
대화법

 예의 바르고 남을 배려할 줄 알며 붙임성까지 좋아서 이웃들과 사이좋게 지내는 한 엄마가 있다. 그런데 그 엄마의 일곱 살 된 딸은 엄마와 전혀 딴판이다. 다른 아이가 가지고 노는 장난감을 기어이 빼앗아서 놀고, 자기가 갖고 놀던 장난감은 아무리 어린 동생이라도 절대 양보하는 법이 없다.

주위에 있던 이웃 어른이 그러지 말라고 한마디 하면 "왜 그러면 안 되는데요? 우리 엄마도 가만히 있는데 아줌마가 왜 그래요?"라며 열 마디 말을 되받아쳤다.

내가 놀랐던 것은 아이의 이런 태도가 아니라 엄마가 그런 아이를 전혀 제

재하지 않는다는 것이었다. 그 아이 엄마의 평소 모습을 생각해보면 의외가 아닐 수 없었다. 그런 일을 몇 번 겪은 엄마들은 자기 아이가 그 엄마의 딸과 노는 걸 꺼리기도 했다.

다른 사람의 자녀교육관에 대해 왈가왈부한다는 것이 면괴스러운 일이긴 하지만, 안타까운 마음에 어느 날 그 엄마에게 아이 이야기를 꺼냈다. 그랬더니 그 엄마가 이렇게 말했다.

"맏이여서 저는 뭐든지 동생들한테 양보만 하면서 자랐어요. 그런데 그게 아예 몸에 배다 보니 손해 보며 사는 게 너무 많은 거예요. 양보하고 배려하는 제 행동을 너무나 당연하게 여기고 아무도 고마워하지 않아요. 제 아이는 저처럼 살지 않았으면 좋겠어요."

그리고 이렇게 덧붙였다.

"양보 좀 안 하고 버릇 좀 없으면 어때요? 자기 것 잘 챙기고 자기주장이 강한 아이로 키울 수 있다면 저는 그 정도는 괜찮다고 생각해요."

개인주의와 이기주의가 분명히 다른 것처럼, 자기 것을 잘 챙기고 자기주장이 강한 것과 자기 것만 챙기고 자기주장만 내세우는 것은 완전히 다르다.

최근 우리 사회에서 최고의 가치로 인정하는 것이 '경쟁'이 아닐까 싶다. 경쟁 지상주의라고 해도 과언이 아닐 만큼 사회 성장의 원동력으로 '경쟁'을 꼽는 분위기가 만연되어 있다. 학교에서도 경쟁, 사회에서도 경쟁, 어딜 가도 경쟁을 피할 도리가 없다. 그러다 보니 경쟁에 방해되는 요소들은 모두 고리타분한 가치로 취급된다. 효, 예의, 배려, 양보, 공감, 이타심, 공정성 등 흔히 도덕성에 속하는 요소들이 그런 위치로 전락했다.

한국투명성기구가 청소년들을 대상으로 실시한 조사에서도 '부자가 되기 위해서 거짓말이나 속임수를 쓰고 법을 무시하고 권력을 이용하는 것이 괜찮다'라고 답한 청소년이 열 명 가운데 네 명이었다. 또 '부정한 입학이나 취업 제안이 들어올 경우 받아들일 수 있나'라는 질문에도 청소년 응답자의 절반이 넘는 54퍼센트가 '받아들이겠다'라고 답했다. 도덕적으로 살면 손해이고 도덕성은 경쟁력의 방해요소라고 보는 기성세대의 사고방식이 청소년들에게 그대로 투영된 결과일 것이다.

친절하고 매너 좋은 아이로 키워라

또래들과의 원만한 관계가 아이의 삶의 질에 얼마나 큰 영향을 미치는지 잘 알고 있을 것이다. 그렇다면 학교에서는 어떤 친구가 인기가 있을까? 초등학생들을 대상으로 한 설문조사 결과를 살펴봤더니, '친절하고 매너 좋은 친구'가 인기 있는 친구 1위였다. 다음으로 '유머 있는 친구', '착하고 마음이 고운 친구'가 뒤를 이었다.

앞서 소개했던 엄마처럼 아이가 착하면 손해를 본다고 생각하는 부모들이 많다. 그런데 이런 생각이 자칫 내 아이를 인기 없는 아이로 만들 수 있다는 조사결과인 셈이다.

이뿐만이 아니다. 우리 시대가 요구하는 인재상은 6Q를 가지고 있어야 한다. 지능지수를 뜻하는 IQ, 감성지수인 EQ, 열정지수인 PQ, 디지털에 대한 이해력지수인 DQ, 글로벌지수인 GQ, 도덕성지수인 MQ가 그것이다.

또한, 특정 인물의 공직 적합성을 알아보는 공공리더십 지수에서도 도덕성은 중요한 변수가 되며, 인생 성공전략의 가장 중요한 요소로 떠오른 인맥지수도 도덕성을 기초로 한 공존지수가 뒷받침될 때 높아진다.

지난 60년간 하버드 대학교의 졸업생들을 추적 조사한 결과, 성적이 우수한 사람이 아니라 유머가 풍부한 사람, 남을 배려하는 사람, 친절한 사람, 옳고 그름을 잘 판단하는 사람 등 도덕성이 높은 사람이 사회적으로 성공했다는 결과가 나왔다.

맹자는 '불쌍히 여기는 마음이 없는 것은 사람이 아니고, 부끄러운 마음이 없으면 사람이 아니며, 사양하는 마음이 없으면 사람이 아니고, 옳고 그름을 아는 마음이 없으면 사람이 아니다. 불쌍히 여기는 마음은 어짐의 극치이고, 부끄러움을 아는 마음은 옳음의 극치이고, 사양하는 마음은 예절의 극치이고, 옳고 그름을 아는 마음은 지혜의 극치이다'라고 말했다. 맹자가 주장했던 인성론의 핵심이다.

당신은 아이가 많은 사람들에게 사랑받는 사람이 되기를 바라는가? 내 아이가 시대가 요구하는 인재가 되고 사회적으로 성공하기를 바라는가? 옳고 그름을 아는 지혜로운 사람으로 자라기를 바라는가? 그렇다면 당신은 그 무엇보다 도덕성을 길러주는 대화에 초점을 둬야 한다.

영재교육, 외국어 능력, 시험점수, 경쟁 등이 강조되는 현재의 교육풍토가 폭력과 파괴가 만연하는 사회를 만들고 청소년 문제와 자살 등의 부작용을 낳는다는 데 이의를 제기할 사람은 없을 것이다. 루스벨트는 "인간을 지력으로만 교육시키고 도덕으로 교육시키지 않는다면 사회에 대하여 위험을 기르는 것이 된다"라고 말했다.

아이의 도덕성은 부모의 언행에서 나온다

하버드 대학교의 로버트 콜스 교수는 도덕성지수를 성공의 요소로 처음 주창한 사람이다. 그는 자녀들의 인생에 부모의 삶이 가장 많이 투영되는 것을 도덕성이라고 보았고, 도덕성지수의 가장 중요한 변수는 교실에서의 암기나 토론이 아니라 어린 시절 보고 들은 부모의 언행이라고 말했다.

흔히 아이를 '부모의 거울'이라고 말한다. 부모의 모습이 그대로 투영되기 때문인데, 그중에서도 도덕성만큼 정확하게 투영되는 것이 없다.

내가 관장으로 있던 '꿈날자도서관'은 아파트 단지 내에 만들어진 마을도서관이다. 비치된 도서가 7,000권이 넘는 나름의 규모를 갖춘 도서관이지만 100퍼센트 자원봉사로만 운영되고 있다. 도서관 개관 초기에는 여러모로 운영체계가 안정되지 않아 어려움이 많았다. 비전문가인 엄마들이 모여서 도서를 분류하고 컴퓨터에 입력하는 데만도 꼬박 석 달이 걸렸고, 자원봉사자를 구성하고 원활하게 운영하는 것도 큰일이었다.

방송일 하랴, 아이 키우랴, 도서관 챙기랴. 그야말로 내가 가지고 있는 에너지의 120퍼센트를 짜내며 일 년여의 시간을 보냈다. 집 안은 폭탄이라도 맞은 것처럼 엉망이었고, 아이에게 도서관을 선물해주고 싶어서 시작한 일인데 느긋하게 앉아 아이에게 책 한 줄 읽어줄 시간이 없었다. 그러다 보니 '내가 누구를 위해서 이러고 있나?' 하는 회의감이 든 적도 있다.

그때 내게 힘을 주었던 책이 전혜성 교수의 《섬기는 부모가 자녀를 큰 사람으로 키운다》이다. 자녀를 진정한 리더로 키우고 싶다면 부모가 먼저 남을 섬기고, 사회를 섬겨야 한다는 메시지가 지친 나에게 큰 울림으로 다가왔다.

내 아이가 앞으로 리더로 성장할지 어떨지는 알 수 없지만 남을 섬길 줄 아는 아이로 성장하기만 해도 마을도서관에 투자한 나의 노력과 시간은 100퍼센트 보상받는 것이라는 생각이 들었다.

100퍼센트 완벽한 도덕성을 갖춘 부모는 세상에 존재하지 않는다. 다만, 내가 갖고 있는 도덕성을 점검해보고, 내 아이가 배웠으면 하는 부분은 좀 더 강화하기 위해 노력하고, 내 아이가 배우지 말았으면 하는 부분은 고쳐나가는 자세가 필요하다.

"넌 어떤 사람이 되고 싶니?"

한 어린이잡지에서 초등학생들을 대상으로 어른이 아이보다 못하다고 생각하는 경우가 있는지를 물었는데, 80퍼센트 이상이 '그렇다'고 대답했다. 어떤 경우에 어른이 아이보다 못하다고 생각하느냐는 질문에 첫 번째가 술을 마신 후에 주정을 부릴 때, 두 번째는 공중도덕을 지키지 않을 때, 세 번째는 자신의 이익을 위해서 올바르지 못한 일을 할 때라는 대답이 나왔다.

아이들은 어른들이 생각하는 것 이상으로 올바른 일과 올바르지 못한 일을 잘 구분한다. 따라서 아이들을 훈육할 때 부모는 "너는 바른 사람이란다" 라고 말해줄 필요가 있다.

나는 아이에게 텔레비전과 컴퓨터만큼은 철저하게 통제하는 편이다. 지금은 집에 텔레비전이 없지만 텔레비전을 없애기 전에는 미리 약속된 프로그램만 시청하게 했다. 그런데 어느 날 저녁 뉴스를 보기 위해 텔레비전을 켰는데, 첫 화면으로 어린이 만화채널이 떴다. 분명 그 전날 정규방송을 보다가 껐는데, 아이가 텔레비전을 봤다는 것밖에는 달리 생각할 길이 없었다. 이전에도 몇 번 그런 일이 있었지만 모른 척 지나갔었는데, 더 이상은 안 되겠다는 생각에 딸을 불러 마주앉았다.

"서연아, 낮에 텔레비전 봤니?"

"……."

"엄마가 텔레비전을 틀었더니 만화채널이 켜지던데."

"사실은 잠깐 뭘 하는지만 보려고 텔레비전을 켰는데, 내가 좋아하는 만화가 나와서 조금만 봐야지 하다가 그만……. 엄마, 미안해. 잘못했어요."

"엄마에게 솔직히 말해줘서 고맙다. 자기 잘못을 솔직히 말하는 데는 큰 용기가 필요하지. 올바른 사람만이 그런 일을 할 수 있단다. 하지만 엄마와의 약속을 지키지 않은 것은 올바르지 못한 행동이야. 그렇지? 너는 올바른 사람과 그렇지 못한 사람 가운데 어떤 사람이 되고 싶니?"

"올바른 사람이 되고 싶어요."

"맞아. 엄마도 서연이가 바른 어린이라고 생각해. 자기 할 일을 열심히 하고, 엄마의 꾸지람 앞에서도 용기 있게 진실을 말하잖아."

나는 딸을 끌어안으며 "앞으로 어떻게 할 거니?"라고 물었다.

"엄마와 약속한 시간 외에는 텔레비전을 보지 않을게. 그런데 엄마가 나를 좀 도와주면 좋겠어."

"뭘?"

"엄마가 텔레비전 코드를 갖고 다니면 좋겠어."

"그건 왜?"

"집에 혼자 있고 심심할 때는 텔레비전이 자꾸만 보고 싶어져서 힘들어. 아예 텔레비전이 안 된다고 생각하면 유혹도 안 느낄 것 같아."

그날 이후 나는 출근할 때 유선방송 연결코드를 빼서 가방에 넣고 다녔다.

"너는 어떤 사람이 되고 싶니?"라는 말은 커서 어떤 직업을 갖고 싶으냐는 질문과 다르다. "너는 어떤 사람이 되고 싶니?"라는 질문은 인생의 가치관과 신념, 좌우명 등 삶의 방향과 관련된 문제이다.

부모들은 아이에게 공부 열심히 해서 훌륭한 사람이 되라고 말한다. 여기서 말하는 훌륭한 사람이 돈 많이 버는 직업을 의미하는 것은 아닐 것이다. 훌륭한 사람이 어떤 사람인가에 대한 해답은 아이가 인생을 살아가면서 스스로 깨달아야 하는 것이고, 난관 앞에서도 그 길을 포기하지 않을 때 이뤄질 수 있는 것이다. 수많은 갈래길이 있는 인생의 숲을 지날 때 어린 시절 부모가 물었던 말, '너는 어떤 사람이 되고 싶니?'는 언제나 북극을 가리키는 나침반의 자침처럼 인생의 자침이 되어줄 것이다.

아이 : 엄마, 우리 반에 따돌림을 당하는 아이가 있는데, 너무 불쌍해요. 하지만 그 애랑 같이 놀면 나도 따돌림을 당할 것 같아서 무서워요. 어떻게 해야 할지 모르겠어요.
엄마 : 저런, 어려운 선택이구나. 너는 어떻게 하는 게 올바른 일이라고 생각하니?

아이 : 그 애의 친구가 되어주는 거요. 하지만 자신이 없어요. 그 애 때문에 내 친구들마저 나와 멀어지면 어떻게 해요?

엄마 : '나는 어떤 사람이 되고 싶은가?'를 스스로에게 한번 물어보렴. 그리고 모두 함께 친구가 될 수 있는 방법은 없는지도 고민해보면 좋겠구나. 그럼 어떻게 행동해야 하는지 답을 찾을 수 있을 거야.

"입장을 바꿔서 생각해보겠니?"

폭력적이고 잔인한 사건들도 자꾸 들으면 내성이 생기는 모양이다. 웬만한 사건은 큰 사건으로 여겨지지 않을 정도로 모두들 강심장이 되었다. 하지만 아이들이 보여주는 폭력성은 언제 들어도 놀랍고 소름이 돋는다. 병아리가 정말 죽는지를 보기 위해 병아리를 변기에 넣고 물을 내린 아이, 햄스터를 사왔다고 잔소리하는 엄마 앞에서 햄스터를 15층 아래로 던져버린 아이 이야기를 들은 적이 있다.

요즘 많은 아이들이 폭력으로 인한 스트레스에 시달리고 있다. 텔레비전이나 컴퓨터의 폭력성만을 이야기하는 것이 아니다. 학교폭력, 왕따, 1등만이 존중받고 공부만을 강요하는 사회문화 등 이 모든 것이 아이들에게는 폭력이다. 고양이에 쫓겨 궁지에 몰린 쥐가 선택할 수 있는 길은 세 가지뿐이다. 자포자기하거나, 자기를 스스로 파괴하거나, 고양이를 물거나. 이 세 가지 길은 모두 폭력성을 내포하고 있다.

이런 폭력적인 상황에서 내 아이가 현명한 선택을 하고 올바르게 살아가게 하려면 아이에게 '존중'의 소중함을 가르쳐야 한다. 존중의 가치를 모르는 아이가 도덕적일 수는 없다.

그렇다면 어떻게 '존중의 소중함'을 가르칠 수 있을까? 이때 필요한 대화법이 '역지사지'의 마음을 이끌어내는 것이다. 역지사지는 말 그대로 상대방의 입장에서 생각해보도록 유도하는 것이다. 생명의 소중함이나 존중의 가치에 대한 백 마디 말보다 "입장을 바꿔서 생각해보겠니?"라는 한마디가 더 큰 효과를 가져온다. 역지사지는 머리를 자극하는 말이 아니라 가슴을 울리는 말이기 때문이다.

"네가 변기 속의 병아리였다면 어땠을 것 같니?"

"네가 왕따를 당하고 있다면 어떨 것 같니?"

"네가 친구에게 맞는 입장이라면 어떤 기분일 것 같니?"

말로는 "나는 병아리가 아니에요", "나는 왕따 같은 걸 당할 이유가 없어요", "내가 왜 맞아요, 힘이 더 센데?"라고 반항할 수 있다. 그러나 아이 가슴에는 슬픔이 조금씩 스며들기 시작할 것이다. 존중받지 못하는 것은 슬픈 일이고 가슴 아픈 일이기 때문이다.

아이 : 우리 반에 공주병인 아이가 있는데, 말을 할 때마다 콧소
리를 섞어서 얘기해요. 듣고 있으면 정말 짜증나요.

엄마 : 그렇구나. 너만 그렇게 느끼는 거니, 아니면 다른 애들도
같은 생각이니?

아이 : 다른 애들도 그 애랑 얘기하면 점점 짜증이 난대요. 그래
서 우리 반 은따예요.

엄마 : 은따? 은근히 따돌린다는 뜻이야?

아이 : 예.

엄마 : 저런, 그 아이가 가엾구나. 네가 친구들에게 은근히 따돌림을
받고 있다고 생각해보렴. 얼마나 마음이 아프고 슬프겠니?

아이 : ······.

엄마 : 그 아이가 단점을 고칠 수 있도록 주위 친구들이 도와줄
방법은 없을까?

아이 : 칭얼거리면서 말하지 말라고 한번 얘기해볼게요. 어쩌면
자신의 단점이 뭔지 모르고 있을 수도 있으니까요.

엄마 : 그게 좋겠구나.

184

감사의 칭찬은 행동을 강화시킨다

교육학자인 토마스 리코나에 따르면 사회생활의 규범인 도덕은 인지, 정서, 행동의 3요소를 갖는다. 인지적 차원이란 도덕적 규범에 맞는가를 판단하는 능력을 가리키고, 정서적 차원은 도덕적 규범과 일치하고자 하는 성향, 도덕적 감성, 태도를 뜻한다. 그리고 마지막으로 행동적 차원은 도덕적 규범을 행동으로 실천하는 것을 말한다.

앞서 설명한 '넌 어떤 사람이 되고 싶니?'라는 질문은 인지적 차원에서 도덕성을 강화하는 대화법이고, '역지사지 대화법'은 정서적 차원에서 도덕성을 키우는 대화법이며, '감사의 칭찬 대화법'은 행동을 강화시키는 대화법이다.

도덕성은 당연히 그렇게 행동해야 하는 당위성을 가지지만, 실제로 우리는 수많은 유혹과 갈등을 거쳐 도덕적인 선택을 한다.

버스에서 할아버지에게 자리를 양보하기 위해서는 앉아서 편하게 가고 싶은 마음의 갈등을 이겨내야 하고, 길에 떨어진 돈을 주인에게 찾아주기 위해서는 그 돈으로 내가 원하는 것을 살 수 있다는 유혹을 이겨내야 한다. 그런 갈등과 유혹에 대한 보상으로 주어지는 '고맙다'는 말은 도덕의 3요소 가운데 행동적 차원을 이끌어내는 칭찬이 된다.

자녀가 엄마의 설거지를 도와주는 것은 당연한 일이라고 할 수도 있지만 이때 '고맙다'는 한마디는 아이의 도덕적 자발성을 강화시켜준다. '나는 다른 사람을 도와주는 사람이야'라는 생각을 하게 되기 때문이다.

약속을 지키는 일은 당연한 일이지만, 그 순간 듣는 '고맙다'는 말은 아이에게 자신은 '믿을 만한 사람'이라는 생각을 심어준다. 아이의 도덕적인 행동을 당연하게 받아들이지 말고 '고맙다'는 감사의 칭찬을 해주어야 하는 이유가 여기에 있다. 그것은 타인에 대한 친절과 정직함을 더욱 강화시키는 효과를 가져올 것이다.

"무거운 짐을 덜어줘서 고마워. 네 덕분에 짐을 한 번에 옮길 수 있었구나."
"엄마와의 약속을 지켜줘서 고마워."
"엄마 대신 동생을 돌보느라 친구들과 놀지 못해 많이 속상했지? 그런데도 동생을 잘 돌봐줘서 고마워."

아 이 와 의   약 속 은   반 드 시   지 켜 라

한 아이가 엄마와 마트에 갔다가 마음에 드는 장난감을 보고는 그것을 사달라고 졸랐다. 몇 번을 안 된다고 해도 통하지 않자, 결국 이렇게 말했다.
"내일 사줄게."
그 다음날이 되었다.
"엄마, 장난감 사러 가요. 내일 사준다고 했잖아요."

엄마는 눈을 반짝이며 이렇게 말했다.

"그래. 너도 방금 말했지만, 내일 사준댔잖아, 내일! 그러니까 오늘은 못 사는 거야."

아이와의 약속을 이처럼 얼렁뚱땅 넘기려는 부모들이 많다. 특히 난처한 상황을 모면하기 위해 아무 생각 없이 약속을 해놓고 언제 그런 약속을 했는지조차 잊어버리기 일쑤이다.

이런 방식으로 작은 위기를 넘기다 보면 머지않아 더 큰 위기가 닥쳐오게 된다. 내 아이의 도덕성이 붕괴되는 것이다. 부모가 하는 거짓말을 듣고 자란 아이가 도덕적이기를 바라는 것은 부모는 '바담 풍' 해도 자식은 '바람 풍' 하기를 바라는 것과 같다.

나는 딸이 어떤 요구를 해올 때 즉각 들어주는 경우가 거의 없다. 대신 '말미 얻기 대화법'을 사용한다. 아이가 아주 어릴 때부터 이 대화법을 사용했는데, 결국은 사줄 것이어도 일부러 말미를 얻기도 했다. 그 이유는 무엇이든 요구만 하면 부모가 해결해줄 것이라는 생각을 갖지 않도록 하기 위해서였다.

말미 얻기 대화법이란 "엄마가 생각해보고 내일 저녁에 답을 줄게", "엄마에게 생각할 시간을 좀 줄 수 있겠니?"라고 하는 대화법이다. 이렇게 하면 열 번에 서너 번은 아이의 욕구가 저절로 사그라들어서 내가 아이의 요구를 거절할 때도 크게 조르지 않는다. 그래도 조를 때는 '반드시 사고 싶은 이유, 꼭 그 일을 하고 싶은 이유'를 세 가지, 다섯 가지, 이렇게 가짓수를 정해서 말해보라고 했다. 이때 내가 납득할 수 있는 가짓수가 반을 넘으면 그 요구를 가능하면 들어주었다. 이러한 말미 얻기 대화법은 아이에게 논리력을 키워주는 효과까지 가져올 수 있다.

물론, 답을 해주겠다고 약속한 시간에 반드시 답을 주는 것을 잊지 말아야 한다. 그래야 '우리 부모님은 나와의 약속을 꼭 지킨다'는 확신과 함께 약속의 소중함을 배우게 된다.

용기를
키워주는
대화법

　　한 젊은이가 자신의 할아버지에게 삶이 왜 이렇게 힘든 거냐고 물었다. 할아버지가 대답했다.

　　"너는 장점만이 아니라 약점도 가지고 있지. 인생의 모든 것이 다 양쪽을 지니고 있기 때문이란다. 네 안에는 성공하고자 하는 의지와 더불어 기꺼이 감수하겠다는 마음도 함께 들어있고, 오만을 부리려는 편협함만이 아니라 연민의 정을 느끼는 따뜻한 심장도 함께 들어있지. 아울러 삶을 외면하려 드는 두려움과 마찬가지로 삶에 용감하게 맞서고자 하는 용기도 함께 자리하고 있단다."

　　이것은 조셉 M. 마셜의 《그래도 계속 가라》의 첫머리에 실린 글이다. 나는 이 글을 읽으며 내 딸에게도 언젠가 꼭 이 할아버지의 말을 들려줘야겠다고 생각했다. 그것도 이왕이면 내 삶의 모습과 내 생생한 목소리를 통해서 들려주고 싶었다.

인생은 사막과도 같다는 말이 있다. 버석거리고 메마르기 때문이 아니라 언제 어디서 불어닥칠지 알 수 없는 모래폭풍이 어제까지 길이었던 곳을 산으로 만들고 산을 길로 만들어버리는 예측 불가능성 때문이다.

내 아이가 변화무쌍한 사막 같은 인생길을 헤쳐나가야 할 때 꼭 동행했으면 하는 친구가 있는데, 그것은 바로 '용기'라는 나침반이다. 영화 〈반지의 제왕〉에서 프로도가 반지의 유혹을 버텨내며 원정을 계속할 수 있었던 것은 정원사 샘이 있었기 때문이다. 내 아이와 평생 함께 길을 갔으면 하는 샘 같은 친구가 바로 '용기'이다.

아 이 에 게 는 실 패 경 험 도 필 요 하 다

자녀교육 전문가들은 아이에게 실패는 꼭 필요한 경험이라고 말한다. 그런데 정작 부모들은 아이가 실패로 인해 상처를 받을까 봐 전전긍긍한다. '실패 = 다른 아이들보다 뒤떨어진다'는 믿음을 가지고 있기 때문이다.

"이제 고학년이어서 아이 혼자 시험공부를 하게 해야 하는데, 막상 시험기간이 되면 그렇게 안 돼요. 아이가 시험 망치고 좌절하면 어떻게 해요."

"심사할 때 장난치고 떠들었다고 승급을 안 시켜주는 거 있죠. 이제 겨우 초등학교 1학년밖에 안 된 애가 얼마나 실망하던지. 태권도학원을 바꿀까 봐요."

"학교에서 무동력비행기 날리기 대회를 한다고 해서 저랑 애 아빠가 밤새 만들었어요. 우리 애 것만 제대로 안 날면 애가 얼마나 창피하겠어요?"

주변 엄마들이 많이들 하는 말이다. 그런데 이런 부모의 교육법이 과연 아이에게 도움이 될지 의문이다.

실패는 배움을 얻을 수 있는 새로운 기회이다. 실패 경험이 없는 아이들은 성공할 수 있는 방법도 알 수 없다. 사막과도 같은 인생길에 늘 성공만 있을 수는 없다. 기껏 산 정상에 올라놓고도 '이 산이 아닌가벼?' 하는 게 우리네 인생살이가 아니던가?

이 산에 올랐다가 '아닌가벼?' 했을 때 다른 산에 도전할 수 있는 힘은 실패를 이겨낸 성공의 경험에서 나온다. 에디슨은 전구를 발명하는 과정에서 2,000번의 실패를 거듭했다. 하지만 그는 "나는 실패를 한 적이 없다. 전구의 발명을 위해 2,000번의 다른 연습을 했을 뿐이다"라고 말했다. '나는 늘 한 번에 성공했다'는 말보다 '나는 여러 번 실패했지만 그것은 성공을 위한 연습이었을 뿐이다'라고 말할 수 있게 키워야 한다.

실 패 를 용 납 해 야 새 로 운 도 전 이 가 능 하 다

매일 60명의 백만장자를 양산한다는 미국의 실리콘밸리를 가리켜 흔히 실패를 먹고 자란다고 말한다. 그 배경에는 설사 실패를 했더라도 그 실패 경험을 바탕으로 다시 도전할 수 있는 토양이 있기 때문이다. 그들은 왜 실패했느냐고 비난하지 않고, 실패자를 낙오자로 취급하지도 않는다. 새로운 아이디어와 용기가 있다면 실패 경험을 바탕으로 다시 도전해보라고 격려한다. 그러한 토양이 성공을 이끌어내고 매일 60명의 백만장자를 만들어내고 있는 것이다.

국제고등학교는 따 놓은 당상이라는 말을 듣는 아이가 있었다. 영어는 원어민 수준이고, 수학에서도 영재성을 보였다. 엄마는 아이에게 많은 공을 들였다. 고액 과외도 불사했다. 하지만 어떻게 된 일인지 시험에서 떨어지고 말았다. 그때 엄마가 아이에게 했다는 말이 내게는 무척 충격적이었다.

"꼴도 보기 싫다!"

많은 부모들이 '나는 그렇게 말하지 않을 거야'라고 생각할 것이다. 하지만 형태만 조금 다를 뿐 실패를 용납하지 않고 도전을 두려워하도록 만드는 말들이 주변에 넘치는 게 현실이다.

"이것도 하나 못 풀어서 앞으로 수학공부 어떻게 할래?"

"너는 왜 매번 그 모양이니?"

"너 그러다 반에서 꼴찌 한다!"

"책 읽기를 그렇게 싫어해서 중고등학교 가서 어떻게 공부할래?"

"초등학교 때 반에서 1, 2등은 해야 중고등학교 가서도 공부를 잘할 수 있는 거야."

예를 들자면 끝이 없다.

아이가 무동력비행기를 스스로 만들었는데 10초쯤 날다가 땅에 내리꽂혔다면 "와~ 10초나 날았네. 처음 만들어서 10초 날았으면 두 번째 만들면 20초는 날겠는걸. 어디를 고치면 좀 더 오래 날 수 있을까?"라고 말해주는 부모가 되도록 하자.

50점짜리 받아쓰기 시험지를 가지고 들어오는 아이에게 "반이나 틀렸어?"가 아니라 "반이나 맞았네"라고 말해주는 부모가 되자.

그래야 아이 입에서 "날개 수평이 잘 안 맞았던 것 같아요. 다시 만들어볼래요", "받아쓰기 연습을 좀 할 걸 그랬어요. 연습하게 엄마가 문제를 좀 내주세요"라는 말이 나올 수 있다.

긍정적인 상상은 용기를 만든다

꾸준히 사랑받고 있는 론다 번의 《시크릿》의 핵심은 '상상하고 꿈꾸는 대로 모든 것이 이뤄진다는 것'이다. 내가 상상하고 꿈꾸는 순간 우주의 흐름이 그 일의 완성을 향해 움직이기 때문이라는데, 정말 그런지 확신할 수는 없지만 이것 하나만큼은 확실하다. 자신이 원하는 일을 구체적이고 생생하게 상상할수록 그 실현가능성이 높아진다는 것!

뭔가에 대한 기대감을 가져봤던 사람들은 알 것이다. 기대감을 갖는 그 순간부터 마음에 잔잔한 파동이 일어나고 행복한 기운이 몰려온다는 것을. 그리고 그 기대감을 현실로 만들기 위해 더 많이 노력하게 된다는 것을.

시골에서 초등학교 1, 2학년을 보낸 내 딸은 3학년 때 도시에 있는 학교로 전학을 왔다. 시골 학교에서 도시 학교로 전학을 오고 보니 긴장이 되었는지 학교 분위기를 파악하며 조용하게 3학년을 보낸 딸은 4학년이 되었을 때 회장선거에 나가고 싶다고 말했다. 그러면서도 두려운 마음을 내보였다.

"그런데 엄마, 친구들이 아무도 나에게 표를 주지 않으면 어떻게 하지? 너무 창피할 것 같아. 나가지 말까?"

"정말 표를 한 표도 못 받는다면 창피할 수도 있지. 그런데 말야, 엄마가 《시크릿》이라는 책에서 읽었는데, 긍정적인 상상을 하면 그 꿈을 이룰 수 있대."

"긍정적인 상상. 그게 뭐야?"

"음…… 그럼 엄마를 한번 따라 해봐."

"우선 앉아서 눈을 감고 심호흡을 하는 거야. 그 다음에 상상을 해보는 거야. 먼저, 선생님이 '회장을 해보고 싶은 사람?' 하고 말씀하시는 모습을 상상해봐. 그 다음에 손을 번쩍 드는 너의 모습도 떠올려보고. 자 그 다음에 친구들 앞으로 걸어 나가서 회장이 되면 네가 어떻게 할 건지 친구들에게 말하는 거야. 서연이가 한 말이 친구들 마음에 들었나 봐. 친구들이 큰 소리로 박수를 쳐주네. 그 다음엔 투표용지가 나누어지고 투표를 하겠지? 어머, 반 친구들이 서연이를 회장으로 선택했네. 친구들이 축하의 박수를 치고 있고, 서연이 얼굴이 붉게 상기돼 있어. 너무 기분이 좋아서 말이야."

아이와 나는 이런 긍정적인 상상을 여러 차례 반복했고, '표를 못 받으면 어쩌나' 하는 아이의 두려움도 서서히 사라져 갔다. 학급 임원이 된 아이는 자기 반을 위해 열심히 봉사하는 기회를 가졌고, 고학년이 되어서는 전교 학생회 임원으로도 활동했다. 덕분에 리더십이 크게 향상되었음은 물론이다.

아이가 목표를 이루는 과정과 목표를 이루어냈을 때의 기쁨을 영화처럼 생생하게 상상하도록 도와주자. 하루에 10분이면 충분하다. 이왕이면 에너지를 함께 모아준다는 측면에서 부모도 함께 아이의 상상에 동참하자. 두려움 때문에 움츠러든 아이의 용기와 도전정신이 애드벌룬처럼 부풀어오를 것이다.

- 용기백배 대화법

  "네 꿈이 이루어졌을 때 기분이 어떨 것 같니? 그 기분을 한번 상상해봐."

- 좌절천배 대화법

  "그까짓 게 뭐가 두렵다고 그러니? 그렇게 마음이 약해서 앞으로 어떻게 살래?"

"절대 포기하지 마"는 응원이 아니다

도전의 반대말은 포기일 것이다. 미국의 37대 대통령이었던 닉슨은 '인간은 패배했을 때 끝나는 것이 아니다. 포기했을 때 끝나는 것이다'라는 명언을 남겼다.

그렇다면 "절대 포기하지 마!"라는 말은 어떨까?

사지선다형 문제에서 '절대'라는 말이 들어가면 오답일 가능성이 높은데,

대화에서도 '절대'라는 말은 용기백배의 대화법이 아니라 좌절천배의 대화법이 될 가능성이 크다.

부모는 아이의 용기를 북돋워주기 위해서, 또는 실패했다고 포기하지 않기를 바라는 마음에서 "절대 포기하지 마"라고 말을 할 것이다.

"뭐든 하다가 중간에 포기하는 건 나쁜 거야."

"뜻을 세웠으면 끝까지 밀고 나가야지. 초지일관이라는 말도 몰라?"

"끝까지 하지도 못할 거 뭐하러 시작했니?"

지속적인 끈기, 멈춤 없는 도전이 가치 있는 덕목인 건 사실이다. 그렇다고 "절대 포기하지 마"가 응원이 될 수는 없다. 라이트플라이급 선수에게 헤비급 선수를 상대하게 해놓고 "절대 포기하지 마. 죽더라도 링 위에서 죽어"라고 외치는 건 응원이 아니라 폭력이다. 더구나 포기하고 싶은데, 절대 포기하면 안 된다는 강요에 시달린 경험을 한 아이들은 그 다음 도전에서는 주저할 가능성이 크다.

당연히 도전의 중요성은 가르쳐야 하고 결정단계에서부터 신중하게 선택할 수 있도록 도와주어야 한다. 그러나 난공불락의 벽을 만났을 때는 포기할 줄 아는 것도 지혜로운 선택 가운데 하나임을 가르치는 것이 좋다.

내가 딸에게 적용하는 포기 방법은 '포기 한 달 유예법'이다. 많은 사람들이 한순간을 견디지 못해 성취를 코앞에 두고 포기하곤 한다. 그때 '포기 한 달 유예법'이 아주 효과적이다.

아이는 초등학교 4학년 때부터 태권도를 시작했다. 처음 태권도에 입문해 1품을 딸 때까지 보통 1년 반 정도의 시간이 걸리는데, 중간에 포기하고 싶은 유혹이 찾아오기 마련이다. 딸아이도 태권도학원에 다닌 지 1년쯤 됐을 때 무척 지루해했다. 함께 태권도학원을 다니던 여자 친구들이 하나둘 그만둔 탓도 있는 듯했다.

"서연아, 엄마가 사범님을 한번 만나볼게. 그리고 한 달만 더 다녀보고 그래도 네가 그만두고 싶으면 그때 그만두자. 포기는 그때 해도 늦지 않아."

한 달만 더 다니면 된다는 생각에 마음이 편안해진 아이는 다시 즐겁게 태권도학원을 다니기 시작했고, 포기의 유혹을 잘 견뎌내며 1품 띠를 허리에 둘렀다.

초등학교에 막 입학하면서 다니기 시작한 피아노학원의 경우는 이와 반대의 경우였다. 아이는 학원 원장님이 너무 무섭다며 피아노학원에 다닌 지 한 달 만에 그만두고 싶다고 말했다. 이때도 역시 '포기 한 달 유예법'을 적용했지만 아이는 한 달 뒤에 역시나 그만두고 싶다고 말했고, 나는 미련 없이 그만두게 했다. 아이는 2년이 지난 초등학교 3학년 때 피아노를 다시 배우고 싶어했고, 지금은 피아노를 치며 스트레스를 풀 정도로 피아노 연주를 즐긴다. 내가 그때 "절대 포기하지 마!"라고 강요했다면 아이는 피아노 치는 즐거움을 끝내 배우지 못했을지도 모른다.

"영어학원 다니기가 지루한 모양이구나. 하지만 힘들다고 바로 포기하는 건 올바른 선택이 아닌 것 같은데, 한 달만 더 노력해보자. 그래도 안 되면 그때 포기해도 늦지 않아."

"올백을 맞겠다는 이번 시험목표 때문에 공부에 대한 부담감이 큰 모양이구나. 그럼 시험결과와 상관없이 최선을 다하겠다고 생각을 바꿔보면 어떨까? 물론 그래서 올백을 맞으면 좋고, 또 올백을 못 맞더라도 최선을 다했으니까 후회는 없지 않을까?"

결과만 칭찬하는 것은 독약

아이는 부모의 말을 먹고 자란다고 한다. 그런데 어떤 말을 해주느냐에 따라 보약이 되기도 하고 독약이 되기도 한다. 보약이 되는 말 중에서 첫 손가락에 꼽는 것이 칭찬이다. 하지만 결과만 놓고 하는 칭찬은 자칫 독약이 될 수 있다. 물론 과정이 좋으면 결과도 좋은 경우가 많다. 하지만 꼭 그런 것만은 아닌 것이 세상사이다.

열심히 하지 않았지만 좋은 성적을 받을 수도 있고, 엄마의 작품이나 마찬가지인 숙제를 들고 가서 상을 받아올 수도 있다. 이때 결과만 보고 칭찬을 한다면 아이는 내내 초조함을 갖게 될 수 있고, 자칫 잘못하면 '도로 가나 모로 가나 결과만 좋으면 된다'는 그릇된 인생관을 키울 수 있다.

"수학 교내 경시대회에서 수학왕이 되었네. 우리 딸 너무 대단해!"

"이번 방학 과제물 심사에서 1등을 했다고? 우리 아들이 최고야!"

"피아노 콩쿠르에서 대상을 받았네. 너무 잘했어!"

이것들이 바로 결과만 놓고 한 칭찬이다. 이런 칭찬들을 보약이 되는 칭찬으로 바꾸기 위해서는 이렇게 하면 된다.

"이번 수학 교내 경시대회에서 수학왕이 되었다고? 열심히 하더니 좋은 결과를 얻었구나.",

"성실하게 방학 숙제를 한 보람이 있구나. 축하한다."

"피아노 콩쿠르를 위해 열심히 준비한 네가 무척이나 자랑스럽구나."

하지만 여기서 끝이 아니다. 이런 칭찬에 "수학 공부를 어떻게 한 거니?", "이번 과제물을 할 때 특히 신경 쓴 부분은 뭐니?", "네가 어려워하던 연주 부분을 완벽하게 익힌 비결은 뭐니?" 등의 질문을 덧붙여주면 대화의 효과가 두 배가 된다.

칭찬에 질문을 덧붙여주는 대화의 효과를 살펴보면 첫째, 좋은 결과가 자신의 노력 때문이라는 것을 명확하게 깨닫게 된다. 사람들은 좋은 결과와 맞닥뜨리면 그것이 자신의 노력보다는 운이나 요행 덕이라고 생각하는 경우가 의외로 많다. 다음에도 좋은 결과를 가져올 만큼 자신의 능력이 향상되었는지 의문을 갖기도 한다. 이때 노력의 과정에 대해 질문을 해주면 구체적인 노력과정이 떠올라 자신의 능력이 향상되었음을 스스로 믿게 되고, 자신에 대한 믿음은 '용기'의 자양분이 된다.

둘째, 다음에 비슷한 과제가 주어지면 동일한 패턴의 노력을 하게 되는 학습효과를 얻게 된다. 아이와 함께 시험계획표를 짜다 보면 과정에 대해 칭찬하고 질문을 던져주었던 과목의 경우는 공부법을 정확히 기억해낸다. 말로 정확히 표현해봄으로써 한 번 더 기억하게 해둔 덕이다. 내 딸은 그 과정을 다른 과목에도 응용하면서 자신만의 공부법을 찾아가곤 했다.

셋째, 또 다른 난제가 주어졌을 때에도 '할 수 있다'는 용기를 갖게 된다. 어느 영화에서 '무대뽀 정신'이라는 말이 나오면서 이 말이 크게 유행한 적이 있다. 하지만 문제해결은 '무대뽀 정신'만으로는 부족하다. 전략과 전술이 필요한 것이다. 아이는 노력했던 과정을 설명해봄으로써 자기도 모르게 전략과 전술의 의미를 깨닫게 되고, 다음 과제에서도 '이런 목표를 세우고, 그 목표를 이루기 위해 이렇게 저렇게 하면 되겠구나' 하는 응용력을 갖게 된다.

엄마 : 열심히 공부하더니 이번에 수학을 100점 받았네. 수학공부하기 어렵지 않았니? 어떻게 공부했어?

아이 : 음…… 수학익힘책하고 시험문제집의 문제를 모두 다 풀었고, 틀린 문제는 오답노트에 기록해서 완전히 알 때까지 세 번 네 번 반복해서 풀었어. 그랬더니 이번에 100점을 맞은 거야.

엄마 : 그래, 오답노트를 만들어서 세 번 네 번 반복해서 푼 것이 효과가 있었던 모양이구나. 엄마도 열심히 노력한 네가 자랑스럽단다. 축하한다.

아이 : 다음 시험 때는 내가 제일 어려워하는 사회과목도 오답노트를 한번 만들어볼래. 분명 사회과목에도 효과가 있을 거야.

엄마 : 좋은 생각이구나.

노력한 과정을 칭찬해줘라

"역시 난 안 돼."

"내가 하는 일이 다 그렇지 뭐. 내가 대체 뭘 잘할 수 있겠어?"

"어차피 안 될 텐데, 아예 시작을 말아야지."

좌절에 익숙한 사람들이 내뱉는 말들이다. 내 아이가 이런 말로 자책하고 도전 앞에서 주저앉는 사람으로 자라기를 바란다면 나쁜 결과에 대해 그 결과만을 탓하면서 키우면 된다.

"네가 아무것도 안 하는 게 엄마를 도와주는 거랬지! 왜 식탁의 그릇은 옮긴다고 나서서 그릇을 깨고 난리야?"

"성적이 왜 이 모양이야? 엄마 앞에서는 열심히 하는 척하더니, 엄마 안 볼 땐 딴짓하고 놀았지?"

"연습할 때는 잘해놓고, 무대에 올라가서는 왜 그렇게 실수를 많이 한 거야? 숫기가 없어서 정말 큰일이라니까."

노력한 만큼 결과도 좋으면 더 없이 좋겠지만, 살다 보면 그렇지 않은 경우가 얼마나 많은가? 100퍼센트의 노력을 기울였지만 결과는 10퍼센트밖에 나오지 않았을 때 '다시 한 번 도전해보는 거야! 아자, 아자, 파이팅!!!'이라고 외칠 수 있는 오뚝이로 성장하기를 바란다면 결과가 나빠도, 아니 결과가 나쁠수록 과정을 인정해주고 격려해주어야 한다.

1, 2학년 내내 자연 속에서 마냥 뛰어놀기만 했던 내 딸은 학년이 올라가면서 성적에 대한 욕심을 내기 시작했다. 나름대로 열심히 준비도 했다. 하지만 첫술에 배부를 수는 없는 일. 처음에는 노력에 비해 결과가 신통치 않았

다. 그때 실망하는 딸을 안고 나는 이렇게 말해주었다.

"서연아, 너무 실망할 거 없어. 결과보다는 과정이 더 중요한 거야. 열심히 노력했잖니? 엄마 생각엔 그것이 더 중요해. 노력하다 보면 언젠가는 만족스러운 결과가 나올 거야."

"하지만 다음번에도 열심히 했는데 성적이 안 좋으면 어떻게 해?"

"우리 물항아리를 한번 떠올려볼까? 비어있는 물항아리의 물을 넘치게 하려면 바가지의 물을 여러 번 부어야 하잖아. 하지만 물이 거의 다 차 있는 항아리라면 물을 한 바가지만 더 부어도 바깥으로 흘러넘칠 거야. 그것처럼 서연이는 지금 항아리에 물을 채워가고 있는 거야. 그렇게 채워가다 보면 한 바가지만 더 부어도 항아리가 넘치는 순간이 분명 온단다. 그러니까 너무 조급하게 생각하지 마."

"정말 그럴까? 그렇겠지?"

"그러면 이번 시험공부는 어떻게 했는지, 시험공부에 문제점은 없었는지 엄마랑 이야기를 해볼까? 다음 시험준비는 어떻게 하는 게 좋을지 계획도 세워보고. 어때?"

"좋아."

딸과의 대화에서 내가 노렸던 것은 첫째, 과정의 소중함을 알려주는 것이었고, 둘째, 노력의 과정에 허점이 없었는지를 검토하도록 도와주는 것이었다.

노력에도 전략과 전술이 필요하다. 가래로 해야 할 일을 호미로 하느라 밭고랑을 반밖에 못 만든 것은 아닌지 반성하고 피드백해야 다음 기회를 진정한 '기회'로 만들 수 있다.

"엄마를 도와주려다가 반찬을 엎질렀구나. 엄마를 도와주려고 했던 마음은 정말 고마워."

"열심히 했는데도 결과가 만족스럽지 못해서 속상하겠네. 하지만 열심히 하는 우리 아들을 볼 수 있어서 엄마는 참 행복했어."

"무대에 올라가니까 많이 떨리지? 하지만 무대에 서는 경험을 한 번 두 번 하다 보면 점점 익숙해진단다. 세계적인 바이올리니스트 장영주도 처음에 무대에 설 때는 굉장히 무섭고 떨렸대."

"그렇구나!",
"그래서 어떻게 됐니?"
대화의 고리를 만들어라

5장

방법을 바꾸면
대화의 질이
달라진다

배우고 생각하지 않으면 어둡고,
생각하고 배우지 않으면 혼돈스럽다.
· 공자 ·

속마음을 나누는
10분 대화의
원칙들

　　자녀를 키울 때 부모에게 가장 필요한 것은 소통 능력이
다. 아이의 마음을 제대로 읽어주고, 공감해주고, 때에 따
라 훈계나 지도를 통해 올바른 길로 이끌어주는 기술이야
말로 자녀를 건강하게 성장시키는 최고의 자질일 것이다.

　　하루 1,440분 가운데서 10분은 결코 길지 않은 시간이다.
하지만 이 10분을 어떻게 활용하느냐에 따라 내 아이의 인생이 달라질 수 있
다. 속마음을 나누는 10분 대화를 위해서는 몇 가지 원칙을 지켜야 한다.

집중과 교감이 중요하다

　조사결과에 따르면, 하루에 부모가 자녀와 대화를 나누는 시간은 평균 40분 정도이고, 그 가운데 대부분은 "밥 먹었어!" 같은 일상적인 대화라고 한다. 물론 일상생활을 위한 기본적인 대화도 중요하다. 하지만 이런 대화는 자녀와 속마음을 나누는 대화라고 할 수 없다.

　40분 가운데 30분은 "밥 먹었어!", "텔레비전 그만 봐라" 같은 말에 투자해도 좋다. 다만 남은 10분만은 자녀와의 대화에 온전히 집중하자. 아이의 말에 귀 기울여주고, 부모의 마음과 사랑을 전해주자. 단 10분이라도 집중해서 진심어린 마음으로 대화를 나누다 보면 아이의 학습력과 창의성, 자율성, 자긍심, 리더십, 도덕성 등은 저절로 키워지게 되어 있다.

　우리는 양보다 질을 중시하는 시대를 살고 있다. 자녀와의 대화시간도 집중과 교감이 이루어질 수 있다면 짧은 시간도 얼마든지 의미있는 시간으로 만들 수 있다.

 집중해서 들어준다

　10분 속마음 대화의 핵심은 하루에 10분만이라도 자녀의 성장에 도움이 되는 대화를 나누자는 것이다. 그런데 부모들이 흔히 빠지는 함정이 그 시간 동안 자신이 가진 가치를 아이에게 열심히 전달하려는 데 있다.

　대화에서 가장 중요한 것은 자녀와 신뢰를 쌓아가는 것이다. 그러려면 자녀의 마음을 이해해야 하고, 이야기를 귀 기울여들어야 한다. 자녀의 이야기를 10분 동안 집중해서 들어주는 것만으로 충분한 대화가 될 수 있다는 것을 명심하자.

 ## 추임새만 잘해도 대화는 풀린다

판소리에서 창(노래), 발림(몸짓), 아니리(사설)만큼 중요한 요소로 꼽히는 것이 고수의 '추임새'이다. 추임새는 창을 하는 중간에 '좋다', '좋지', '으이', '얼씨구' 등의 감탄사를 넣어주는 것을 말하는데, 창을 하는 사람의 흥을 돋을 뿐 아니라 소리에서 다음 구절을 유발하는 데도 큰 역할을 한다.

이야기를 나눌 때도 추임새가 무척 중요하다. '그렇구나!', '어머나!', '재미있었겠다!', '그래서 어떻게 됐니?' 등의 반응은 말하는 사람의 흥을 돋을 뿐 아니라 다음 이야기를 이끌어내는 데도 중요한 역할을 한다.

자신의 말에 적극적으로 호응하고 관심을 나타내며 공감해주는 사람과는 누구라도 더 많은 대화를 나누고 싶어진다. 아이와 대화의 고리를 찾지 못해 고민이라면 적극적인 경청과, 감정이 이입된 감탄사를 사용해보자. 헐거워졌던 대화의 고리가 단단하게 엮어질 것이다.

대화할 수 없는 상황에서는 그 이유를 설명한다

바쁘다 보면 아이와 도저히 대화할 수 없는 상황들이 생기기 마련이다. 나의 경우에는 방송시간에 쫓기며 원고를 써야 할 때가 특히 그렇다. 집중해서 원고작업을 해도 글이 나올까 말까 한데 아이는 옆에서 계속 재잘거리고, 이거 해달라 저거 해달라 주문도 많아서 도저히 집중할 수 없을 때가 자주 있었다.

그러던 어느 날 도저히 참을 수가 없어서 "서연아, 제발 그만 좀 말하면 안 되겠니? 엄마가 글을 쓸 수가 없잖아!" 하며 버럭 화를 내고 말았다. 그렇게 화를 내고 보니 금세 딸에게 미안했다. 내 상황을 설명하지도 않았고, 원고를 쓸 때 어느 정도로 집중해야 하는지도 모르는 아이에게 화를 내고 보니, 아이가 억울하겠다는 생각이 들었다. 그래서 딱 10분만 시간을 내기로 했다. 방송시간이 촉박할 때는 10분이 10시간 같지만, 도저히 기분이 찜찜해서 그대로 원고를 쓸 수가 없었다.

"엄마가 소리 질러서 미안해. 너에게 상황을 설명하지도 않고 화를 낸 건 정말 엄마가 잘못했어. 그런데 말이야, 엄마가 원고 쓸 때는 서연이가 엄마에게 말을 걸지 않고 조용히 해줬으면 좋겠어. 원고작업은 밥을 하거나 책을 보는 것과 달라. 완전히 집중하지 않으면 글이 나오지 않는단다. 엄마가 얘기했지? 공부할 때 가장 중요한 것이 집중이라고. 엄마도 마찬가지야. 좋은 글을 쓰려면 엄마도 집중해야 해. 엄마 말 이해하겠어?"

"엄마, 미안해. 나는 그런지 몰랐어."

"몰라서 그랬다는 거 알아. 지금까지 이런 설명을 하지 않은 엄마 잘못이 더 커. 그래서 미안해. 다음부터 엄마가 대화할 수 없는 상황일 때는 '서연아, 엄마 지금 집중해야 할 시간이야'라고 말할게. 그러면 서연이가 엄마를 좀 이해해줘. 응?"

이렇게 대화를 나누는 데 10분이 채 걸리지 않았다.

부모는 자신이 바쁠 때 굳이 설명하지 않아도 정황상 아이가 눈치로 알 거라고 생각하는데, 절대로 그렇지 않다. 아이와 이야기를 나눌 수 없는 상황이라면 충분히 설명해서 이해시켜야 한다. 긴 시간이 필요할 것 같지만 고작 5분도 걸리지 않는 경우가 대부분이다. 만약 '엄마 지금 집중해야 할 시간이야'처럼 서로 간에 통할 수 있는 신호를 마련한 뒤라면 10초면 충분하다.

그리고 대화할 수 있는 상황이 되었을 때 아이에게 다시 물으면 된다. "조금 전에 엄마한테 하려던 이야기가 뭐였니?"라고.

 ## 'I-message' 대화법을 연습한다

"너는 왜 그렇게 덤벙대니?"
"너는 누구를 닮아 그 모양이니?"
"너 또 숙제 안 했지?"

이런 대화의 특징은 시작하는 단어가 '너'라는 것이다. 이런 대화법을 'You-message' 대화법이라고 한다. 'You-message' 대화법은 상대방의 행동에 대해 직접적으로 비난하는 대화법이다. 그런데 비난하는 소리를 곱게 받아들일 사람은 세상에 없다.

미국의 심리학자 토마스 고든은 'You-message' 대화법의 문제점을 지적하면서 'I-message' 대화법을 제시했다. 'I-message' 대화법은 주어를 '너'가 아닌 '나'를 사용함으로써 자녀의 감정을 자극하지 않고 부모의 의사를 전달할 수 있는 대화법을 말한다. 'I-message' 대화법의 3요소는 ① 문제행동 ② 나의 감정 ③ 결론이다. 특히, 문제행동을 이야기할 때에는 아이에 대한 비난이나 비평을 하면 안 된다.

가령, 아이가 노는 데 정신이 팔려서 휴대전화를 받지 않고 집에도 늦게 들어왔다면

- 문제행동 : 연락도 되지 않고 집에도 오지 않아서
- 나의 감정 : 엄마가 얼마나 걱정했는지 몰라. 혹시 사고라도 난 게 아닐까, 무슨 일이 생겼나, 별별 생각이 다 들었단다.
- 결론 : 늦을 때는 엄마에게 꼭 전화를 주면 좋겠구나.

이처럼 비난이 아니라 감정을 전달하고 개선방향을 차분히 설명하면 엄마의 말에 설득력이 생긴다. 아이가 부모의 말을 납득하고 마음이 움직여야 행동의 변화도 가능해진다.

긍정적인 감정을 전달할 때도 마찬가지다. 아이가 책을 읽고 있다면 "책을 읽고 있는 걸 보니, 엄마 기분이 참 좋구나. 엄마는 책을 많이 읽는 우리 딸이 무척 자랑스러워"라고 하면 된다.

사실 대부분의 사람들이 'You-message'에 익숙하다. 그러다 보니 'I-message' 대화법이 낯설고 입에 잘 붙지 않는 경우가 많다. 자신의 대화

방식을 곰곰이 생각해보고 'You-message' 대화법을 사용한다고 판단되면 'I-message' 대화법을 연습하고 실전에서 응용해보자. 자녀와의 신뢰관계가 더욱 돈독해질 것이다.

화가 날 때는 다른 공간으로 가서 아이와 떨어져 있는다

'I-message' 대화법을 아무리 연습해도 화가 머리끝까지 나는 순간은 억누르기 쉽지 않다. 그런 상황에서 목소리를 차분히 가라앉히고 "엄마가 화가 나는구나"라고 말하기란 거의 불가능에 가깝다. 이럴 때는 화를 가라앉힐 수 있는 시간과 공간이 필요하다.

딸이 아주 어렸을 때의 일이다. 아이는 기억을 못하겠지만, 나는 아직도 그날이 어제처럼 생생히 떠오르고, 그런 일이 다시 일어나지 않도록 내 마음을 다스리기 위해 애쓰고 있다. 그날 사건은 방송원고를 거의 다 마쳐갈 즈음에 아이가 컴퓨터 전원을 꺼버린 데서 시작되었다. 방송시간이 다 되어가는 마당에 원고가 날아가버리자 나는 눈앞이 깜깜했다. 부끄러운 고백이지만, 그때 나는 순간 이성을 잃어 책상 위에 있던 컵을 방바닥에 내동댕이치고 말았다. 순간 화를 참지 못한 것이다.

아이도 놀랐지만, 순간적인 내 행동에 나도 얼마나 놀랐는지 모른다. 지금도 그날을 떠올리면 이루 말할 수 없을 만큼 괴롭고 부끄럽다.

그 일이 있은 후부터 나는 화가 나면 일단 아이와 거리를 둔다. 주로 내가 다른 장소(화장실이나 주방, 안방 등)로 이동해서 심호흡을 한다. 길어야 1~2분이다.

이렇게 한 호흡을 돌리고 아이를 대하면 우선 말투가 부드러워지고, 순간 버럭 내지를 수 있는 화를 피할 수 있다.

'왜-질문법' 대신에 '어떻게-질문법'을 사용한다

"왜 그랬니?"와 "어떻게 된 일인지 엄마한테 말해줄래?" 중에서 아이의 기분이 덜 상하는 질문은 무엇일까? "왜 아직 숙제 안 했어?"와 "어떻게 하다 숙제가 이렇게 늦어졌니?" 중에서 아이가 편안하게 대답할 수 있는 질문은 무엇일까?

'왜-질문법'은 결과를 가지고 잘잘못을 따지는 대화법이어서 아이를 비난하는 듯한 느낌을 강하게 준다. 그런데 '어떻게-질문법'은 결과보다는 의도와 과정을 묻는 질문이기 때문에 아이가 좀 더 편안하게 대답을 할 수 있다.

예를 들어, 퇴근해서 왔더니 큰아이가 숙제를 끝내놓지 않았다고 하자. 그런데 알고 보니 동생의 숙제를 도와주느라 미처 자기 숙제를 하지 못한 상황이었다.

이런 내막을 모르는 엄마가 집에 들어오자마자 "왜 아직 숙제를 안 했어?"라고 묻는다면 숙제를 해놓지 않은 잘못을 지적하는 말로 들리기 때문에 아이는 일단 움츠러든다. 하지만 "어떻게 하다 숙제가 이렇게 늦어졌니?"라고 묻는다면 엄마가 비난하기 위해서 질문하는 것이 아니라 숙제를 하지 못한 이유를 묻고 있다고 받아들인다.

'어떻게-질문법'을 실천해보면 아이와 충돌하는 횟수가 절반 이하로 줄어드는 것을 확인할 수 있을 것이다.

의견이 다를 때는 'Yes, but 대화법'을 사용한다

'딸과 아버지'를 주제로 한 다큐멘터리를 본 적이 있는데, 사춘기 시절 아버지와 자신의 관계를 회고하는 여성의 인터뷰가 무척 인상적이었다. 그녀는 사춘기 시절에 아버지에게 반항하고 아버지를 넘어서는 것만이 '한 인간으로 성숙해지는 길'이라고 생각했다고 했다.

실제로 사춘기에 접어든 아이들은 부모에게 반항하기 위해서 반항하는 경우가 많다. 그것이 자신의 인생목표인 것처럼 행동하기도 한다. 이럴 때 필요한 대화법이 'Yes, but' 대화법이다.

방학을 하자마자 아이가 머리를 노랗게 물들이고 싶다고 말했다. 부모는 기겁을 해서 단칼에 잘라 말했다.

"안 돼!"

하지만 반항기로 똘똘 뭉친 사춘기 아이는 부모의 승낙과 상관없이 용돈으로 머리를 노랗게 물들이고 들어왔다. 온 집안이 발칵 뒤집어졌다. 부모는 부모대로 펄펄 뛰었고, 아이는 아이대로 방문을 걸어 잠갔다. 대화단절을 알리는 신호탄이 쏘아 올려진 셈이다.

이럴 때 'Yes, but' 대화법을 적용한다면 어떻게 될까?

"그래, 방학도 하고 보니 머리에 변화를 주고 싶은 모양이구나. 네 마음은 충분히 이해할 수 있어. 엄마도 학교 다닐 때 단발머리가 너무 지겨워서 파마를 하고 싶은 때가 있었거든.”

이렇게 먼저 'Yes'를 하면 대화가 부드러워지고 분위기도 화기애애해진다. 이때 자녀의 생각을 정확하게 짚어주고 더불어 부모의 경험까지 털어놓으면서 공감해주면 더 좋다.

그 다음에 'but'을 끄집어낸다.

“그런데 말이야, 방학이지만 우연히라도 선생님을 만나면 혼나지 않을지, 다른 사람들이 너를 불량하게 보지 않을지 엄마는 걱정이 되는구나. 그 부분에 대해서는 어떻게 생각하니?”

이미 'Yes'를 통해 마음의 방어막을 걷어낸 아이는 순순히 부모가 우려하는 부분에 대한 자기 생각을 말할 것이다. 부모가 지적한 부분을 아이가 미처 생각하지 못했다면 좀 더 고민하도록 유도하면 되고, 아이가 이미 고려해본 문제라면 해답을 제시해보라고 하면 된다.

물론 부모 입장에서는 머리를 물들이지 않겠다는 대답을 듣고 싶겠지만, 아이의 대답이 그렇지 않더라도 대화 결과는 그대로 수용해주는 것이 좋다.

“다른 사람의 시선에는 신경 쓰고 싶지 않아요. 누가 뭐라고 하든 나는 불량한 아이가 아니니까요. 대신 개학할 때 다시 까맣게 물들일게요”라는 대답을 이끌어낼 수 있다면 서로 윈-윈하는 대화 결과가 아닐까?

유쾌한 유머로 기회를 만든다

와병 중인 80대 아버지가 50대 아들에게 말했다.

"아들아, 내가 이제 가야겠다."

"금방 회복되실 텐데 왜 그런 말씀을 하세요?"

"근데 너는 내가 왜 죽는지 아니?"

"……몸이 편찮으시잖아요."

"틀렸다. 나는 심심해서 죽는 거야. 너도 늙어봐라. 늙으니 할 일도 없어지고 심심해서 죽겠구나. 그래서 세상을 뜨는 거야. 혹시나 죽으면 재밌는 게 있을까 싶어서."

이 이야기는 만담가로 유명했던 장소팔 선생의 실제 유언이다. 장소팔 선생은 이 말을 남긴 다음날 숨을 거뒀다. 유언도 만담처럼 남기고 떠난 것이다. 죽음 앞에서도 유머를 잃지 않았던 장소팔 선생의 삶이 잔잔한 감동으로 다가온다.

유머는 유쾌하게 자신의 뜻을 전달할 수 있는 좋은 수단이다. 네 살쯤 된 남자아이가 케첩병을 갖고 놀다가 실수로 엄마 옷에 케첩을 뿌리는 TV광고가 있었다. "케첩병 갖고 놀지 말랬지?" 하며 화를 내는 상황으로 이어질 분위기에서 엄마가 센스 있는 유머로 대처하는 내용이었다.

"(쓰러지며) 윽, 나의 죽음을 적에게 알리지 마라."

혼날까 봐 한껏 긴장했던 아이 얼굴에는 웃음꽃이 활짝 피었다.

광고에서처럼, 케첩병을 가지고 놀면 안 된다는 말은 그 다음에 해도 늦지 않다. 유머에 마음을 활짝 연 아이는 자연스럽게 엄마의 말을 받아들일 것이다.

'나는 유머감각이 없는데' 하는 걱정은 할 필요가 없다. 공감이 형성된 사이에서는 별것 아닌 말도 유머가 될 수 있기 때문이다.

많이 안아주고 사랑을 표현해준다

김세환이 부른 '사랑하는 마음'이라는 흘러간 가요가 있다.

"사랑하는 마음보다 더 좋은 건 없을걸 사랑받는 그 순간보다 흐뭇한 건 없을걸 사랑의 눈길보다 정다운 건 없을걸 스쳐 닿는 그 손끝보다 짜릿한 건 없을걸 혼자선 알 수 없는 야릇한 기쁨 천만번 더 들어도 기분 좋은 말 사랑해."

부모와 자식 간의 사랑도 다를 게 없다. 사랑받는 순간만큼 흐뭇한 것이 없고, 사랑의 눈길보다 더 정다운 것이 없다. 스쳐 닿는 손끝의 짜릿함은 내 아이의 행복을 키운다.

프리허그 운동을 기억할 것이다. 제이슨 헌터가 평소 '그들이 중요한 사람이란 걸 모든 사람이 알게 하자'는 어머니의 가르침에서 영감을 받아 2001년에 최초로 시작한 운동이다. 프리허그 운동이 우리나라를 포함해 전 세계에 급속도로 퍼져나갔던 과정을 떠올려보면 사람들이 얼마나 위로와 사랑에 목말라하는지를 알 수 있다.

사랑과 애정이 충만한 부모 자식 사이라도 갈등이 없을 수는 없다. 그때 가장 좋은 갈등 해결책이 스킨십이다. 섣불리 대화를 시도했다가 갈등만 키울 수 있겠다고 판단될 때는 차라리 아이를 가만히 안아주어라. 가끔은 가르치려는 백 마디 말보다 한 번의 따뜻한 포옹이 더 큰 효과를 발휘한다.

우리는 부모들도 바쁘고 아이들도 바쁜 시대를 살고 있다. 그래서 더더욱 퇴근해서 집에 들어왔을 때, 아이가 유치원이나 학교, 학원에서 돌아왔을 때 꼭 껴안아주는 노력이 필요하다. 그리고 귓가에 소곤소곤 말해주자. "사랑해!"라고. "세상에서 가장 사랑스러운 우리 딸, 우리 아들"이라고.

부모의 충만한 사랑을 느낀 아이는 콧노래를 흥얼거리고, 잔소리나 지시를 하지 않아도 스스로 제 할 일을 찾아서 할 것이다.

'미운 자식 떡 하나 더 주고, 고운 자식 매 한 대 더 때린다'는 속담에서 알 수 있듯, 우리는 자식에 대한 사랑을 직접적으로 표현하는 데 무척 인색하다. 그런데 이 속담은 자식이 올바른 길을 가지 않을 때 해당하는 말일 뿐 곧이곧대로 해석해서는 안 된다. 때로는 자신이 할 수 있는 모든 감정표현과 몸짓언어를 동원해 사랑을 전해주자. 아이의 자존감이 한층 더 높아질 것이다.

10분 대화에서
피해야 할
표현들

한 연구결과에 따르면, 우리가 일상적으로 하는 행동의 90퍼센트가 습관이라고 한다. 자기의지로 통제하는 행동은 10퍼센트이고, 나머지는 무의식적인 습관에 따라 행동한다는 것이다. 그것은 우리가 일상적으로 사용하는 말도 그렇다.

그래서 더더욱 평소 사용하는 말을 점검할 필요가 있다. 특히, 아이와 대화를 나눌 때에는 다음과 같은 표현들을 조심하도록 하자.

"아이고 내 새끼, 똑똑하기도 하지"

앞서도 말했지만, 잘못된 칭찬은 안 하니만 못한 결과를 가져올 수 있다. 그런 점에서 컬럼비아 대학교의 캐롤 드웩 연구팀의 칭찬효과 연구는 주목할 만하다. 연구에 의하면, 결과만 놓고 똑똑하다고 칭찬받은 아이들은 모험에 나서지 않았고, 실패한 경우에는 해결책을 찾기보다 자신이 똑똑하지 않은 탓이라고 자책하는 경향이 높았다. 반면에 '열심히 했구나'라고 노력의 과정을 칭찬받은 아이들은 끈기를 가지고 문제해결에 임했고, 실패했을 때는 자신의 노력이 부족해서라고 생각했다.

아이들에게는 결과에 대한 무조건적인 칭찬보다 과정에 대한 구체적인 칭찬이 더 중요하다. 예를 들면, 아이가 상을 받아왔을 때 "아이고 내 새끼, 똑똑하기도 하지. 참 잘했어"가 아니라 "열심히 노력하더니 상을 받았구나. 참 잘했어"라고 칭찬해야 하는 것이다.

 ## "그래서 하고 싶은 말이 뭐야?"

대개의 부모들이 자녀의 말에 귀 기울여들어주는 것을 잘 못한다. 부모들이 잔소리할 시간은 있어도 아이의 말에 들어줄 시간이 없는 것은 뭔가를 가르쳐야 하고, 올바른 길로 이끌어줘야 한다고 생각하기 때문이다.

그런 부모들이 습관적으로 하는 말이 "그래서 하고 싶은 말이 뭐야?"이다. 아이에게 해주고 싶은 말은 많은데, 서로 바쁜 탓에 시간은 없다. 그러다 보니 아이가 하는 말을 끝까지 듣지 못하고 "그러니까 하고 싶은 말이 뭐야?", "어휴, 답답해 죽겠네. 빨리빨리 좀 말해", "네 얘기는 더 들어볼 것도 없어" 와 같은 말을 하게 되는 것이다.

아이가 하는 말을 잘 들어주기만 해도 대화의 고리는 끊어지지 않는다. 아이 스스로 말을 하는 동안 결론을 찾아갈 수 있다면 그것이야말로 최고의 대화일 것이다. 게다가 '내 말을 부모님이 존중해주는구나' 하는 인식은 아이의 자존감을 높여주고, 자율성과 책임감까지 키워준다.

 ## "너는 형이잖아!"

딸의 친구들이 집에 놀러오면 함께 이야기를 나눌 때가 많다. 동화를 쓰다 보니 아이들의 심리에 특히 관심이 많아서이다. 그런데 형제자매가 있는 아이들과 이야기를 나누다 보면 동생이 밉다는 경우가 의외로 많다.

"서연이가 외동딸이어서 정말 부러워요. 우리 엄마는 동생 편만 들어요." 이런 투정은 애교 수준이다.

"저는 세상에서 동생이 제일 미워요. 동생이 죽어버렸으면 좋겠어요." 이렇게 말하는 아이도 있었다.

아이의 마음에 이런 원망과 미움을 심어준 사람이 누구일까? 따지고 보면 그것은 동생이 아니라 부모일 가능성이 크다. 더 구체적으로는 "너는 형(오빠, 누나, 언니)이잖아!"라는 부모의 말일 것이다.

큰아이보다 작은아이를 감싸게 되는 것이야 충분히 이해가 되지만, 큰아이 역시 어리기는 매한가지여서 그런 부모의 심정을 이해하는 것은 힘들다. 그것을 잊어서는 안 된다.

"형 좀 닮아라!"

아마 세상에서 가장 듣기 싫은 말을 꼽으라면 남과 나를 비교하는 말일 것이다.

"과장이라는 사람이 대리보다 일을 못하면 어떻게 해? 이대리의 반만큼이라도 해봐"라고 말하는 직장상사가 있다면 두고두고 증오의 대상이 될 것이다. "네 동서 좀 보고 배워라"라고 말하는 시어머니가 있다면 두 번 다시 문안전화를 드리고 싶지 않을 것이다. 어른들도 이러한데, 우리는 자녀에게 너무 쉽게 '비교하는 말'을 하고 있지 않은지 반성해야 한다.

"형 좀 닮아라."

"어떻게 너는 동생보다 못하니?"

"앞집 애는 이번에도 반에서 일등 했다던데, 너는 대체 왜 그 모양이니?"

이렇게 대놓고 비교하기도 하지만, 가끔은 교묘하게 저의를 숨기면서 비교할 때도 있다.

"우리랑 같은 3층에 사는 중학생 형 너도 알지? 그 형이 이번에 특목고에 붙었다더라. 과외도 안 하고, 학원에도 별로 안 다녔는데 그 어렵다는 곳에 붙었으니 너무 대단하지 않니? 그 형 엄마는 한 번도 공부하라는 잔소리를 해본 적이 없대. 오히려 밤마다 오늘은 일찍 자라는 말만 했다더라."

엄마는 아이에게 공부에 대한 욕구를 자극하기 위해서 한 말이었을 테지만, 아이의 귀에는 분명 이렇게 들렸을 것이다.

"너는 과외며 학원이며 그렇게 많은 돈을 들이는데 성적이 왜 늘 그 모양이니? 그 중학생 형 좀 보고 배워!"

"네가 하는 일이 다 그렇지 뭐"

언젠가 어느 신문 칼럼에서 '부모의 사랑만큼 대가가 비싼 사랑이 없다'는 글을 읽은 적이 있다. 공부도 잘하고 부모님 말씀도 잘 들어야 사랑을 받을 수 있다는 글이었는데, 물론 극단적인 내용이긴 하지만 공감 가는 부분이 많았다.

부모님들의 무조건적인 사랑에 이의를 제기하려고 하는 것이 아니다. 하지만 부모들 가운데 많은 사람들이 자녀에게 쉽게 실망하고, 그 실망감을 아이에게 아무 생각 없이 내뱉는다. 그것이 내 아이의 인생에 얼마나 치명적인 독이 될지 모르는 것 같다.

"네가 하는 일이 다 그렇지 뭐."

"너 또 그럴 줄 알았다."

"내가 너한테 뭘 기대하겠니?"

이처럼 자녀를 비하하는 말은 어떤 경우에도 사용하지 말아야 한다. 자칫 내 아이의 무의식 속에 '나는 쓸모없는 사람', '나는 뭘 하든 실패하는 사람'이라는 독버섯으로 자랄 수 있기 때문이다.

"내가 너 때문에 못 살아!"

아이를 키우는 일은 세상 그 어떤 일보다 어려운 일임에 분명하다. 그래서 농사 가운데 가장 어려운 농사가 자식농사라는 말이 있는 것이리라.

그러다 보니 아이 때문에 힘든 일이 부지기수인데, 그때마다 "내가 너 때문에 못 살아"라는 말을 습관적으로 내뱉는 부모들이 있다. 마치 여름 장마에 쑥쑥 올라오는 논의 잡초를 보며 "내가 이놈들 때문에 못 살아"라고 한숨 쉬는 농부처럼 말이다.

우리 아이들은 잡초가 아니다. 논에서 자라는 나락 가운데서도 알곡 가운데 알곡이다. 혹시 해충이 꼬이지는 않는지, 논에 물이 제대로 들어가는지, 거름이 부족하지는 않은지 살피고 보살펴야 하는 존재인 것이다.

곡식은 농부의 발소리를 들으며 자란다고 한다. 자녀도 부모의 사랑과 신뢰, 믿음을 먹고 자란다.

특히 '내가 너 때문에 못 살아'라는 말은 자녀의 가슴에 죄의식을 심어줄 수 있다는 점에서 주의가 필요하다. 자기 주변에서 일어나는 크고 작은 불행의 원인이 자신에게 있다고 믿게 될 수 있다. 그런 죄의식을 가지고 사는 사람은 결코 행복한 인생을 살 수 없을 것이다.

아이가 고통이나 슬픔, 화를 호소하는 것을 참지 못하는 부모가 의외로 많

다. 자기 삶이 힘겨운 사람일수록 그렇다. 자기감정을 추스르는 것이 버거워서 아이의 감정을 받아주지 못하는 것이라 생각된다.

그런 부모는 아이의 감정에 공감하지 못할 뿐만 아니라 아이의 감정이 잘 못된 것이라고 비난하기도 한다. 아이는 슬퍼서 눈물을 흘리는데 반항하는 태도라고 혼을 내고, 두려워서 우는데도 약해 빠졌다며 꾸짖는다. 그러면서 그것을 훈육이라고 생각한다.

설령, 아이가 원하는 것을 얻기 위해 '눈물'을 무기로 사용하는 경우라도 "뚝 그쳐!"라는 말은 옳지 않다. 그 감정을 조절하고 적절하게 해결하는 방법을 가르치는 것이 현명한 부모의 자세이다.

"내가 누구 때문에 이 고생인데?"

전업주부들이 자녀가 초등학교 고학년이 되면 취업을 하는 경우가 많다. 자녀 과외비나 학원비라도 벌어보겠다는 것이 가장 큰 이유이다. 그런데 전문적인 기술이나 경력이 없는 상태에서 할 수 있는 일이란 게 주로 허드렛일이나 고된 노동밖에 없다 보니, 자신의 취업 목적인 자녀의 성적 향상에 기대치가 커진다.

하지만 과외나 학원이 성적 향상과 직결되지 않는 만큼 기대에 따른 실망도 커서 "내가 누구 때문에 이 고생인데!"라는 말을 쉽게 내뱉을 때가 있다.

자식에 대한 우리나라 부모들의 희생은 전 세계적으로 유명하다. 자식 교육을 위해서라면 가족 간의 생이별도 불사해서 '기러기 아빠', '펭귄 아빠' 같은 신조어가 만들어졌고, 교육특구라는 강남 입성을 위해 삶의 질을 포기하는 경우도 허다하다.

그렇다고 이런 부모들의 희생을 꼭 나쁘다고 매도할 수는 없다. 부모의 희생을 먹지 않고 자라는 자식은 없기 때문이다. 다만, 그것이 생색내기가 되면 자녀의 반항과 탈선을 불러올 수 있으니 조심해야 한다.

"왜 시키지도 않은 일을 해서 엄마를 힘들게 만들어?"

일곱 살 난 아들을 혼자 키우는 아버지가 저녁 늦게 퇴근해서 돌아왔다. 아들은 이미 잠들어 있었는데, 컵라면을 끓여 먹었는지 부엌 식탁이 어질러져 있었다. 너무 피곤했던 아버지가 대충 씻고 침대에 몸을 던졌다. 바로 그 순간 뭔가 잘못됐음을 깨달았다. 이불을 걷어올리자 그곳에는 라면국물과 퉁퉁 불어터진 라면이 엎질러져 있었다. 물을 부어놓은 컵라면이 이불 안에 들어가 있었던 것이다.

화가 난 아버지는 아들 방으로 달려가서 자는 아이의 엉덩이를 때리며 이렇게 다그쳤다.

"컵라면을 왜 이불 속에 넣어 놨어? 너 때문에 이불 다 버렸잖아!"

그러자 아들은 엉엉 울면서 이렇게 말했다.

"아빠가 저녁 안 먹고 들어올까 봐 컵라면을 끓였는데, 식을까 봐 이불 속에 넣어둔 거예요."

인터넷 서핑을 하다가 읽은 사연이다.

만약 당신에게 똑같은 상황이 벌어졌다면 어떻게 했겠는가? "왜 시키지도 않은 일을 해서 엄마를 힘들게 해!"라고 말하지 않았을 것이라고 자신할 수 있는가?

부모를 돕겠다고 나서서 했던 아이의 행동이 종종 문제를 일으킨다. 그것들은 대부분 생각이나 행동이 아직 미숙하기 때문에 발생하는, 그야말로 실수인 경우가 많다. 이럴 때 부모를 돕겠다는 착한 마음을 무시하고 결과만 꾸짖게 되면 아이에게 좌절감과 자기비하의 상처를 남길 수 있으니 조심해야 한다.

"시키면 시키는 대로 해!"

"선생님 말씀 잘 들어라."

"엄마 아빠 말씀 잘 들어라."

많은 어른들이 평소 아이들에게 당부하는 말이다. 그리고 어른 말씀 잘 듣는 아이를 착한 아이라고 가르친다.

또한, 부모들은 자녀에게 이렇게 말한다.

"시키면 시키는 대로 해."

"부모 말 잘 들으면 자다가도 떡이 생긴다."

그런데 이런 말이 결국 아이에게 콤플렉스로 작용할 수 있다. '착한 아이 콤플렉스'가 바로 그것이다. 물론 '착하다'는 것은 칭찬받아 마땅하다. 그런데 착함이라는 것이 부모, 어른, 또는 주변 사람들의 기준에 의해 좌우될 때는 문제가 생길 수 있다. 착한 아이 콤플렉스에 걸리면 자신의 감정을 솔직하게 표현하지 못하고 생각과 행동이 자주 제지당했던 탓에 호기심과 창의력, 자존감까지 약해지기 때문이다.

부모는 자녀가 선량한 사람, 올바른 사람이 되도록 훈육해야 하지만, 말 잘 듣는 아이로 키우는 것은 결코 바람직한 자녀교육법이 아니라는 것을 명심해야 한다.

대화할 시간을
만드는
10가지 방법

아이와 많은 대화를 나누고 싶지만 바쁜 생활 속에서 녹록한 일은 아니다. 때로는 깊이 있는 대화를 위해 긴 시간을 할애해야 할 때도 있다.

우리 집만 해도 남편은 주말에만 집에 오고, 나는 여러 가지 일로 정신없이 하루를 보낼 때가 많다. 물론 틈틈이 아이와 대화를 나누기 위해 노력하지만, 때로는 이야기의 주제에 따라 좀 색다른 분위기나 장소, 시간이 필요한 경우가 있다.

이럴 때 활용하면 좋은 '대화시간을 만드는 10가지 방법'을 소개한다. 당신의 상황에 맞게 응용해보기 바란다.

더불어, 대화보다 중요한 것은 즐거운 분위기라는 것을 말해주고 싶다. 함께 있을 때 기분이 좋아야 대화도 가능해지기 때문이다. 그리고 대화를 나눌 때에는 공부 문제나 훈계보다 오롯이 아이의 마음을 읽어주고 부모의 사랑을 보여주는 시간으로 활용했으면 한다.

 ## 연애편지 쓰듯 편지를 쓴다

남편은 주중에는 다른 지방에서 근무하고, 주말에만 집에 온다. 그래서 활용하는 방법이 편지를 통한 대화이다. 이메일이나 휴대전화 문자메시지가 아니라 편지지에 직접 손으로 쓴다.

오늘 무슨 일이 있었고, 그걸 통해서 무엇을 깨달았다거나 알게 되었다는 내용이 거의 대부분이다. 물론, 딸이 어떤 사람으로 성장하기를 바란다는 내용도 있지만, 아이의 반응으로 봐서는 편지에 적힌 훈계를 훈계로 받아들이지 않는 것 같다. 행간에 담긴 아빠의 사랑을 느끼기 때문일 것이다. 딸은 아빠가 보낸 편지를 상자에 고이 모아두는데, 훗날 인생의 고비에서 큰 힘이 되어줄 것이라고 나는 믿는다.

매일 자녀와 부딪히며 살아가는 부모 입장에서는 편지 쓰기가 쑥스러울 수 있다. 나 또한 그렇다. 그래서 나는 아이가 캠프를 갈 때처럼 일정 기간 떨어져 있어야 하는 상황일 때, 편지를 써서 여행가방 안에 넣어준다. "차 타고 가면서 읽어봐"라는 말과 함께.

아이에게 편지를 쓸 수 있는 기회를 포착해보자. 말로 할 때보다 훨씬 순화될 뿐만 아니라 정돈된 마음을 전달할 수 있어 일석이조의 효과를 볼 수 있을 것이다.

아이와 함께할 수 있는 취미생활을 만든다

행복한 결혼생활을 위해서 부부가 공통의 취미를 가지면 좋다고들 말하는데, 이것은 자녀와의 사이에서도 마찬가지다. 물론 온 가족이 함께할 수 있는 취미생활이라면 더할 나위 없이 좋다.

우리 가족의 취미는 캠핑이다. 요즘은 캠핑장비가 좋아서 한겨울에도 텐트를 차에 싣고 떠날 수 있다. 북적거리는 여름도 좋지만, 한적한 봄, 가을, 겨울이 오히려 더 제 맛이다. 캠핑장에서는 산불조심 기간이 아니면 불을 피울 수도 있고, 캠핑용 화로에 주변에서 주운 마른 나뭇가지를 담아 불을 피우면 가족만의 캠프파이어가 만들어진다. 별이 쏟아져 내리는 자연 속에서 따뜻한 화로를 중심으로 둘러앉아 있노라면 속 깊은 대화는 저절로 시작된다.

가지 않겠다고 버티는 아들을 용돈으로 유혹해서 등산을 시작했다는 한 아빠는 "지금은 용돈을 주지 않아도 아들이 등산을 따라 나선다. 대화가 많아져서 너무 좋다"라고 즐거워했다. 사춘기가 시작되면서 부쩍 말이 줄어든 딸과의 대화시간을 위해 함께 헬스클럽에 등록했다는 엄마도 있었는데, 이처럼 찾지 않아 모를 뿐이지 찾아보면 방법은 아주 많다.

아이가 읽는 책을 함께 읽는다

많은 부모들이 책을 좋아하는 아이로 키우고 싶어한다. 나 또한 그렇다. 더구나 대화거리를 찾아내는 데 책만 한 아이템이 없다. 솔직히 딸과 나는 좋아하는 책 취향이 조금 달라서 내가 두 권을 추천하면 한 권은 퇴짜 맞기 일쑤이다. 그래서 가끔 아이가 추천해주는 책을 내가 읽기도 하는데, 그 후에는 많은 이야기를 나눈다.

하지만 방법이 잘못되면 오히려 책을 싫어하게 만들 수 있으니 조심해야 한다. 책의 내용을 확인한다든가, 책을 통해 무엇을 얼마나 알고 깨닫게 되었는지에 초점을 맞추게 되면 오히려 대화단절을 불러올 수 있다.

핵심은 아이가 관심 있어 할 만한 이야기를 끌어내는 것이다. 《빨간 머리 앤》을 읽었을 때였다. 부모 입장인 나는 고아소녀 앤이 가진 긍정의 힘에 대해 이야기를 나누고 싶었지만, 애써 목젖 아래로 꾹 눌러 삼켰다. 대신에 딸과 나는 앤의 상상력에 초점을 맞춰 이야기를 나누었다. 아이가 앤이 가진 상상력을 무척 부러워했기 때문이다.

우리나라의 늪과 관련된 책을 읽고는 창녕에 있는 우포늪 여행계획을 함께 세웠고, 《돈키호테》를 읽고는 돈키호테처럼 엉뚱한 행동을 하는 친구에 대해 이야기를 나누었다.

아이가 읽는 동화책을 부모도 함께 읽자. 그리고 아이가 흥미를 보일 만한 이야깃거리를 찾아내어 이야기를 나누자. 독서와 대화라는 두 마리 토끼를 모두 잡을 수 있을 것이다.

4 텔레비전과 신문을 적극 활용한다

대화의 소재가 넘쳐나는 또 하나의 보물창고는 텔레비전과 신문이다. 지금은 집에 텔레비전이 없지만, 텔레비전이 있었을 때는 하루에 한 편 정도의 오락프로그램이나 드라마를 보는 것으로 약속했고, 다큐멘터리나 뉴스 등은 별다른 제약을 두지 않았다.

대신에 아이가 텔레비전을 볼 때 나도 함께 보려고 노력했다. 어떤 프로그램을 보는지 알기 위해서이기도 했지만, 텔레비전을 보다 보면 많은 이야깃거리들이 생겨났기 때문이다.

딸이 어릴 때 무척 좋아했던 만화 '개구리 중사 케로로'를 보면서는 외계인이 있을까 없을까에 대해 이야기를 나누었고, 다큐멘터리 '아마존의 눈물'을 보면서는 환경파괴에 대해서 이야기를 나누었다. 드라마를 볼 때는 캐릭터를 함께 분석해보기도 했다.

신문이나 잡지도 마찬가지다. 아이의 관심을 끌 만한 사건이나 기사가 있으면 함께 읽고 이야기를 나눠보자. 어떤 것을 활용하든 아이의 생각이 더 깊어지고 넓어질 수 있도록 부모가 유도해주면 된다.

5 아이와 함께 체험여행을 간다

자녀의 사회 교과서나 과학 교과서를 옆구리에 끼고 주말이면 체험학습을 떠난다는 엄마들이 주변에 많다. 그런데 나는 체험학습이라는 말을 좋아하지 않는다. '학습'이라는 표현 때문이다. 대신에 '체험여행'이라는 말을 사용하는데, '학습'이라는 단어가 붙었을 때와 어감만 다른 게 아니라 마음가짐도 달라진다. 체험을 통한 학습이 아니라 체험이 함께하는 '여행'에 포인트가 맞춰지기 때문이다.

공부가 목적인 체험은 웬만해선 재미가 없다. 유물의 설명을 옮겨 적어야 하고, 경복궁의 근정전이 무엇을 하던 곳인지 외워야 한다면 거기에서 무슨 재미를 느낄 수 있겠는가?

대신에 '여행'을 간다고 생각하고 떠나면 체험은 덤이 된다. 빗살무늬 토기가 어느 시대에 어떻게 만들어진 토기인지는 알면 좋고, 몰라도 그만이다. 빗살무늬 토기를 직접 눈으로 봤다는 것만으로도 나중에 공부할 때 분명 도움이 될 것이다.

여행에서는 지식이 아니라 '생각하는 힘'을 기를 수 있는 대화에 포인트를 두자. 내 아이와 함께하는 멋진 데이트 시간이 될 것이다.

잠들기 전에 아이 옆에 있어준다

아이가 잠들 때까지 옆에서 책을 읽어주는 부모들이 많다. 하지만 그것도 길어야 초등학교 저학년 때까지 이야기이다. 아이가 어느 정도 자라 혼자 책을 읽을 수 있게 되면 "들어가서 그만 자라"는 말만 하고 만다. 잘해야 이불을 끌어당겨 덮어주고, 굿나잇 인사를 해주는 정도이다.

그런데 곰곰이 생각해보면 하루 중 최고의 대화시간은 '아이가 잠들기 직전의 시간'이다. 하루를 편안하게 마무리하는 시간인 만큼 부모도 아이도 마음이 여유로워지기 때문이다.

아이를 꾸짖은 날이라도, 아니 오히려 그런 날일수록 아이 곁에 있어주자. 그리고 홀가분한 마음으로 하루를 기분 좋게 마감할 수 있도록, 희망에 부푼 마음으로 내일의 태양을 기대할 수 있도록 따뜻한 대화를 나누자.

그날 있었던 일 가운데 문득 떠오르는 일도 좋고, 하루를 반성하면서 가치를 전달하는 대화도 좋다. 곁에서 가만히 앉아만 있어줘도 나쁘지 않다. 편안한 분위기만으로도 대화 이상의 교감을 나눌 수 있기 때문이다.

유쾌한 식사시간을 만든다

'밥상머리 교육'이라는 말이 있다. 유대인들의 교육법이라고 알려져 있지만, 우리나라 역시 밥상에서 이뤄지는 가정교육을 중요하게 여겨온 민족이다. 하지만 교육이라는 이름표가 붙다 보니 많은 사람들이 부담스러워하는게 사실이다. 이 말을 바꿔 '밥상머리 이야기'라고 해보면 어떨까?

미국의 명문가인 케네디가의 저녁식사 시간을 활용한 토론은 이미 유명하다. 여섯 자녀 모두를 하버드 대학교와 예일 대학교에 보낸 전혜성 박사의 자녀교육 비결 가운데 하나도 온 가족이 함께한 '아침식사'라고 한다.

실제로 컬럼비아 대학교의 중독·물질남용 연구센터가 12~17세 청소년 1,000명을 대상으로 조사한 바에 따르면, 일주일에 5.7회 가족과 함께 저녁식사를 한다고 응답한 청소년은 0.2회의 식사를 하는 청소년에 비해 흡연,

음주, 마약에 빠지는 비율이 낮았고, 학교 성적은 높은 것으로 나타났다. 또 가족과의 식사 횟수가 많은 청소년일수록 스트레스도 덜 받는 것으로 나타났다.

자녀와 함께하는 식사 횟수를 늘려보자. 가능하면 아침이면 아침, 저녁이면 저녁으로 시간을 정해 두고 온 가족이 함께하면 좋다.

그리고 '교육'이라는 부담감을 버리고 '즐겁게' 이야기를 나누자. 우울하고 골치 아픈 이야기, 자녀가 민감하게 받아들일 성적 이야기 등은 피하고 대신 즐겁고 유쾌한 이야기로 식사시간을 채우는 것이다. '식구(食口)', 즉 밥을 함께 나눠 먹는 것이 가족이라는 말의 의미를 깨닫게 될 것이다.

 ## 휴대전화로 대화를 나눈다

요즘은 휴대전화를 가지고 다니지 않는 아이들이 없다. 부모가 자녀에게 휴대전화를 사주는 이유는 만약의 경우에 대비하기 위한 안전 목적이 제일 크지만, 다른 이유도 있다. 바로 감시용이다. '감시'라는 말이 주는 어감이 좋지는 않지만, 학원에 제대로 갔는지, 학교 끝나고 곧바로 집으로 오는지, PC방에 가지는 않는지 등을 확인하는 경우가 얼마나 많은가.

맞벌이 가정의 경우는 사정이 더하다. 숙제는 했는지, 학원은 제대로 갔는지, 공부는 하고 있는지, 친구들과 어울려 다니며 시간을 허비하고 있지는 않은지 휴대전화를 사용해 감시하고 감독한다. 사정이 이렇다 보니 부모의 전화는 아예 받지 않는 아이들도 있다고 한다.

하지만 휴대전화를 잘만 이용하면 부족한 대화시간을 만회할 수 있다. 학교가 끝난 시간에는 다음 일정을 확인할 것이 아니라 오늘 학교에서 어떤 재미있는 일이 있었는지 물어보자. 영어학원이 끝나고 수학학원에 가는 길이라면 레벨테스트를 통과했는지 물을 것이 아니라 "공부하느라 많이 힘들지?"라며 위로를 전해보자.

특히 자녀와 대화할 시간이 없다는 아버지들에게 '휴대전화로 대화하기'를 권하고 싶다. 처음에는 "밥 먹었니? 학교는 잘 갔다 왔고?" 하는 간단한 대화부터 시도하자. 그렇게 매일 전화통화를 하다 보면 신뢰가 쌓이게 되고, 자연스럽게 대화거리도 생겨날 것이다.

'전화통화는 용건만 간단히'라고 하지만, 자녀와의 즐거운 전화 수다는 엿가락처럼 늘어져도 괜찮지 않을까 싶다.

 ## 아이와 동네 산책을 즐긴다

특별한 계획 없이 집에서 주말을 보내는 날이면 우리 가족은 산책을 나간다. 집에서 20분쯤 걸어가면 계곡이 나오는데 그 계곡을 따라 4킬로미터 정도 가야 하는 못이나 산허리에 있는 체육공원까지 갔다 온다.

마침 가는 길이 딸의 등하굣길과 겹쳐서 더욱 좋다. 꼭 남편과 나 사이에 끼어서 걷는 아이는 친구들과 하교하면서 어떤 일이 있었는지, 어느 문방구 아주머니가 더 친절한지, 학교 앞에서 와플을 파는 아주머니가 얼마나 수다쟁이인지 온갖 이야기를 풀어놓는다. 그 시간을 통해 우리 부부는 미처 모르고 지나갈 뻔한 아이의 학교생활을 알기도 한다. 또, 어느 골목에는 어떤 친구가 살고, 딸과 친한 친구는 어느 아파트 몇 동 몇 호에 사는지도 알게 되며, 그 친구들에 대한 아이의 생각과 느낌도 알게 된다.

가끔 자녀와 '다 같이 돌자, 동네 한 바퀴'를 해보자. 아이에 대한 이해의 폭이 넓어지고, 속 깊은 대화도 자연스럽게 이어질 것이다.

인터넷 카페나 블로그를 활용한다

"우리 머리는 쓰면 쓸수록 발달하게 된대요. 쓰면 쓸수록 강해지는 근육처럼요. 그래서 매일매일 창의적인 활동을 하는 게 중요하다고 합니다. 예를 들면, 한 번도 먹어본 적이 없는 요리를 먹어보고, 한 번도 가지고 놀아본 적이 없는 장난감을 갖고 놀아보는 거예요. 그리고 그 느낌을 다이어리에 일지 형식으로 적어보면 더 좋답니다. 우리의 머릿속에서 특별한 능력을 찾아내고 싶다면 실천을 해보면 어떨까요? 색다른 자신을 발견하게 될 거예요."

이것은 딸이 운영하는 카페에 내가 어떤 책에서 읽은 내용을 올린 글이다. 카페 회원은 아이 친구들인데, 자신들의 상상력을 풀어놓기 위해 만든 카페라고 한다. 그래서 나도 그와 관련된 정보들을 가끔씩 제공하는데, 내가 직접 말로 '창의적인 활동을 해보자'라고 제안할 때보다 훨씬 효과가 크다.

인터넷에 가족 카페를 만들거나 아이의 블로그를 방문해보자. 스마트폰을 이용한 폐쇄형 모바일 SNS인 '밴드' 등의 서비스를 이용하는 것도 한 방법이다. 우리 가족의 주된 관심사가 무엇인지를 서로 알 수 있을 뿐 아니라, 대화로는 전하기 힘든 정보나 마음까지 편안하게 전달할 수 있을 것이다.

대화할 시간이 부족하다는 부모들,
잔소리가 아닌
진솔한 대화를 원하는 부모들을 위하여!

아이의 잠든 얼굴을 들여다보며 아이의 미래를 그려볼 때가 있다. 밝고 희망찬 미래가 선명히 눈앞에 떠오른다. 아이가 태어나 내 품에 안긴 순간부터, 아니 그보다 앞서 한 생명이 나와 하나가 되었음을 깨달았던 그 순간부터 아이의 미래는 언제나 밝음과 희망으로 가득 차 있었다.

사상가이자 시인인 에머슨은 '믿음은 종달새의 알에서 종달새의 지저귀는 소리를 듣는 것'이라고 말했다. 지금 내 아이가 종달새의 알일지라도 언젠가는 힘찬 날갯짓으로 푸른 창공을 가로지르고, 아름다운 노랫소리로 세상을 채워갈 것을 믿는다. 부모로서 내가 해줄 수 있는 일은 아이가 자기 자신으로 우뚝 설 수 있도록 받침대 역할을 해주는 것뿐이리라.

내가 너무 겁 없이 부모 노릇을 한 건 아닐까?

하지만 나의 믿음과 별개로 부모로서의 삶이 만만치만은 않았다. 아이와 함께해온 삶 곳곳에서 수많은 시행착오와 한계에 부딪쳤다.

나의 어머니는 쉰이 넘은 나이에 검정고시를 거쳐 대학에 입학했다. 전공이 사회복지학이었는데 '교육학'을 수강하신 후에 이런 말씀을 하셨다.

"내가 진작 이런 내용을 알았더라면 너희들 교육을 좀 더 잘 시킬 수 있었을 텐데 하는 생각이 들더라. 내 깐에는 열심히 가르친다고 가르쳤는데, 교육학을 들어보니 내가 너무 겁 없이 부모 노릇을 하지는 않았나 하는 생각이 들었어."

그러시면서 모든 대학의 교양과목에 '부모교육'이 꼭 들어가야 한다고 말씀하셨다. 어머니 세대와 마찬가지로 우리 역시 부모교육을 받아본 적이 없다. 그래서 부모라는 존재는 무엇이고, 어떤 역할을 해야 하고, 자녀를 행복하고 올바른 사람으로 키우기 위해 어떻게 이끌어주어야 하는지 제대로 배운 적이 없다.

마을과 가족공동체가 함께 나눠 가졌던 인성교육의 책임은 오롯이 부모의 몫이 되었고, 경쟁이 가속화되면서 점점 더 피폐해지고 있는 교육현장에서 아이의 꿈과 자질을 키우고 지켜내야 하는 것도 부모의 역할이 된 지 오래이다.

이처럼 한계가 분명한 현실 속에서 아이를 행복하고 올바르게 키우기 위해 우리 부모들은 무엇을 어떻게 해야 할까? 아이가 자기 인생의 주인으로 우뚝 설 수 있도록 도와주려면 어떤 역할을 해야 할까? 요즘처럼 부모도 자식도 모두 바쁜 시대에 '이해, 배려, 공감, 소통'의 관계를 만들어가려면 어떻게 해야 할까? 나는 그 답이 바로 하루 10분이라도 속마음을 나누는 대화를 하는 데 있다고 믿는다.

부모와 자녀는 마음을 나누는 사이

자녀를 낳은 것은 부모지만, 그렇다고 자녀가 곧 부모는 아니다. 끊으려야 끊을 수 없는 천륜을 맺고 있는 사이지만 그렇더라도 완전히 다른 독립적인 인격체이다. 그런 자녀와 소통을 하는 데 대화 말고 달리 무슨 방법이 있겠는가? 영화 〈E.T.〉에서 외계인과 주인공 소년이 서로의 검지를 맞대며 마음을 나누었듯이, 자녀와 부모에게 '대화'는 그들의 검지라고 할 수 있다.

대화가 중요한 것은 알지만 시간이 부족하다고 말하는 부모들에게, 잔소리가 아닌 진솔한 대화를 원하는 부모들에게, 자녀의 인성을 키워줄 수 있는 대화법을 찾고 있는 부모들에게, 더 나아가 자녀와 함께 자신도 성숙해지기를 바라는 부모들에게 이 책이 도움이 되기를 바란다.

서강대학교 철학과 최진석 교수는 《인간이 그리는 무늬》라는 책에서 "이 세계에는 이 세계를 움직이면서 그려내는 도도한 흐름과 방향이 있다. 그 큰 흐름에 올라타 리더를 하기 위해서는 좋다거나 나쁘다는 대답이 아니라 이 세계에 무슨 변화가 있길래 저런 일들이 가능해졌는지를 묻는 질문이 필요하다. 모두가 대답하려고 할 때 외롭게 혼자서 질문하는 사람, 바로 이런 사람이 리더가 될 수 있다"라고 했다. 부모 말에 언제나 "Yes"라고 말하는 예스

보이나 예스걸, 지식을 빨리 흡수하는 암기력과 답을 찾아내는 능력으로 100점짜리 시험지만을 받아오는 아이를 기대하는 부모는 자녀를 미래의 리더로 키우지 못할 가능성이 높다. 앞서 가는 사람이 아니라 남의 뒤만 졸졸 따라다니며 시키는 일만 잘하는 사람으로 성장할 가능성이 더 크다는 말이다. 모든 아이들이 더 빨리 더 많이 익혀 재빨리 대답하는 데만 골몰하는 것이 아니라 "왜요?"라고 질문하고 그 질문에 대한 답을 스스로 찾아가는 사람으로 성장하기를 소망한다. 대답하는 팔로잉following이 아니라 질문하는 리더leader로 성장할 수 있도록 돕는 데 '대화'만큼 좋은 방법이 없다.

마지막으로 이 책에서 제시한 대화법이 정답일 수는 없다. 이 책을 나침반 삼아 부모들 스스로 질문을 만들어내고 그 질문에 대한 답을 찾아갈 수 있다면 더 바랄 것이 없겠다. 부모인 당신이 바로 서야 자녀도 자기 인생의 주인으로 바로 설 수 있다.

우리 아이와 협상하는 법

개정판 1쇄 인쇄 2021년 3월 23일
개정판 1쇄 발행 2021년 3월 25일

지은이 박미진
펴낸이 김옥희
펴낸곳 아주좋은날
기획편집 이미숙
디자인 안은정
마케팅 양창우, 김혜경

출판등록 2004년 8월 5일 제16-3393호
주소 서울시 강남구 테헤란로 201, 501호
전화 (02) 557-2031
팩스 (02) 557-2032
홈페이지 www.appletreetales.com
블로그 http://blog.naver.com/appletales
페이스북 https://www.facebook.com/appletales
트위터 https://twitter.com/appletales1
인스타그램 @appletreetales

※ 이 책은 《10분 속마음 대화법》의 개정판입니다.

ISBN 979-11-87743-94-1 13370

아주좋은날 은 애플트리태일즈의 실용·아동 전문 브랜드입니다.